www.ingramcontent.com/pod-product-compliance
Lightning Source LLC
LaVergne TN
LVHW010316070526
838199LV00065B/5586
9789358725711

ترجمہ اشرفی

(مصنف کی ہی کتاب 'سیدالتفاسیر' میں شامل ترجمہ قرآن مجید)

حصہ ۴، سورۃ الأنبیاء تا السجدہ

سید محمد مدنی اشرفی جیلانی

جمع و ترتیب: اعجاز عبید، محمد عظیم الدین

© Taemeer Publications LLC

Tarjuma Ashrafi (Quran Urdu Translation) – Part:4

by: Syed Mohammed Madani Ashrafi

Edition: November '2024

Publisher :

Taemeer Publications LLC (Michigan, USA / Hyderabad, India)

ISBN 978-93-5872-571-1

9 789358 725711

مترجم یا مرتب یا ناشر کی پیشگی اجازت کے بغیر اس کتاب کا کوئی بھی حصہ کسی بھی شکل میں بشمول ویب سائٹ پر اَپ لوڈنگ کے لیے استعمال نہ کیا جائے۔ نیز اس کتاب پر کسی بھی قسم کے تنازع کو نمٹانے کا اختیار صرف حیدرآباد (تلنگانہ) کی عدلیہ کو ہو گا۔

© تعمیر پبلی کیشنز

کتاب	:	**ترجمہ اشرفی** (سورہ الانبیاء تا السجدہ)
مترجم	:	**سید محمد مدنی اشرفی جیلانی**
جمع و ترتیب	:	اعجاز عبید، محمد عظیم الدین
صنف	:	ترجمہ قرآن
ناشر	:	تعمیر پبلی کیشنز (حیدرآباد، انڈیا)
سالِ اشاعت	:	۲۰۲۴ء
صفحات	:	۲۳۴

فہرست

۲۱۔ سورۃ الأنبیاء..................1

۲۲۔ سورۃ الحج..................26

۲۳۔ سورۃ المؤمنون..................47

۲۴۔ سورۃ النور..................69

۲۵۔ سورۃ الفرقان..................89

۲۶۔ سورۃ الشعراء..................105

۲۷۔ سورۃ النمل..................135

۲۸۔ سورۃ القصص..................157

۲۹۔ سورۃ العنکبوت..................181

٣٠ـ سورة الروم 198

٣١ـ سورة لقمان 212

٣٢ـ سورة السجدة 221

۲۱۔ سورة الأنبیاء

نام سے اللہ کے بڑا مہربان بخشنے والا O

۱۔   نزدیک آگیا لوگوں کے لیے ان حساب، اور وہ ہیں کہ غفلت میں منہ پھیرے ہیں O

۲۔   نہ آیا ان کے پاس کوئی نیا پیغام ان کے رب کا، مگر یہ کہ اسے سنا کھیلتے ہوئے O

۳.　　ان کے دل کھلنڈرے۔ اور خفیہ مشورہ کیا اندھیر والوں نے۔ کہ ''یہ نہیں ہیں مگر تمہاری طرح بشر، تو کیا جادو کے پاس آتے جاتے ہو دیکھتے بھالتےO

۴.　　نبی نے کہا کہ ''میرا رب جانتا ہے ہر بات کو آسمان و زمین کی۔ اور وہ سننے والا جاننے والا ہےO

۵.　　بلکہ وہ بک دیے کہ ''خواب پریشاں ہیں بلکہ من گڑھت ہے، بلکہ وہ شاعر ہیں۔ لہٰذا ہمارے پاس کوئی نشانی لائے، جس طرح اگلے بھیجے گئے تھےO

۶.　　نہ مانا ان سے پہلے کسی آبادی نے جن کو ہم نے تباہ کر دیا، تو بھلا کیا یہ مانیں گےO

۷۔ اور نہیں رسول کیا ہم نے تم سے پہلے مگر مرد میدان جن کے پاس وحی فرماتے ہیں تو دریافت کرو جاننے والوں سے اگر تم خود نہیں جانتے۔ O

۸۔ اور نہیں بنایا تھا ہم نے انہیں بے جان دھڑ، کہ نہ کھائیں کھانا، اور نہ وہ ہمیشہ یہاں رہنے والے O

۹۔ پھر ہم نے سچ کر دکھایا انہیں اپنے وعدے کو، چنانچہ بچا لیا ہم نے انہیں اور جسے چاہا، اور برباد کر دیا زیادتی کرنے والوں کو O

۱۰۔ بیشک اتارا ہم نے تمہاری طرف کتاب، جس میں تمہارے لیے بڑی بات ہے، تو کیا عقل سے کام نہیں لیتے O

۱۱۔ اور کتنی برباد کر دیں ہم نے بستی جو اندھیر نگری تھیں، اور پیدا کر دیں ان کے بعد دوسری قومیں O

۱۲.   پھر جب انہوں نے دیکھا ہمارا عذاب، اسی وقت وہاں سے
بھاگنے لگے O

۱۳.   بھاگو مت، اور لوٹ چلو جس آرام میں تھے، اور اپنے
گھروں کو، کہ تم سے پوچھا جائے O

۱۴.   بولے، 'ہائے افسوس! ہمیں اندھیر والے تھے O

۱۵.   پھر یہی رہ گئی تھی ان کی پکار یہاں تک کہ کر دیا ہم نے انہیں
کٹا کھیت، بجھی آگ O

۱۶.   نہیں پیدا فرمایا ہم نے آسمان و زمین کو، اور جو کچھ ان کے
درمیان ہے، بے کار O

۱۷.   اگر تحت قدرت و مشیت ہوتا، کہ ہم اختیار کریں کھلونا، تو
اختیار کر لیتے اپنی طرف سے۔ اگر ہمیں کرنا ہوتا O

۱۸. بلکہ ہم پھینک مارتے ہیں حق کو باطل پر۔ تو وہ بھیجا نکال دیتا ہے باطل کا، جبھی وہ مٹا مٹایا ہے۔ اور تمہارے لیے خرابی ہے جو باتیں بناتے ہوO

۱۹. اور اسی کا ہے جو آسمانوں اور زمین میں ہے۔ اور جو اس کے نزدیک ہیں، نہ بڑے بنیں اس کی عبادت سے، اور نہ تھکیںO

۲۰. پاکی بولیں رات اور دن بے سلسلہ توڑےO

۲۱. کیا کافروں نے بنا لیے بہت سے معبود زمین سے، جو کچھ پیدا کر لیں؟O

۲۲. اگر ہوتے زمین و آسمان میں بہت سے معبود اللہ کے سوا، تو ضرور برباد ہو جاتے، پس پاکی ہے اللہ کی، پروردگار عرش کا، ان کی من گڑھتے باتوں سےO

۲۳۔ وہ نہ پوچھا جائے گا جو بھی کرے، اور سب پوچھے جائیں گے O

۲۴۔ یا بنا لیا سب نے اللہ کے مقابلے پر کئی معبود۔ مطالبہ کرو کہ "لاؤ اپنی دلیل۔ یہ قرآن ہے تذکرہ میرے ساتھ والوں کا اور مجھ سے پہلوں کا۔" بلکہ ان کے بہتیرے نہیں جانتے حق کو، تو وہ بے رخی کرتے ہیں O

۲۵۔ اور نہیں بھیجا ہم نے تم سے پہلے کوئی رسول مگر وحی بھیجا کیے اس کی طرف کہ "نہیں ہے کوئی پوجنے کے قابل میرے سوا، تو مجھی کو پوجو O

۲۶۔ اور کافر بولے کہ "بنا لیا خدائے مہربان نے اولاد"، پاکی ہے اس کی۔ بلکہ وہ معزز بندے ہیں O

۲۷.	جو نہ سبقت کریں اس سے بات میں، اور اس کے حکم کی تعمیل کرتے ہیں O

۲۸.	وہ جانتا ہے جو کچھ ان کے سامنے اور جو کچھ ان کے پیچھے ہے، اور نہ شفاعت کریں بجز ان کی، جنہیں اللہ نے پسند فرمایا، اور وہ سب خوف خدا سے تھراتے آتے ہیں O

۲۹.	اور جو کہہ دے ان میں سے کہ میں معبود ہوں اللہ کے مقابل، تو ایسے کو سزا دیں ہم جہنم کی۔ اسی طرح ہم سزا دیتے ہیں اندھیر مچانے والوں کو O

۳۰.	کیا نہیں سوچا جنھوں نے کفر کیا کہ "بلاشبہ سارے آسمان اور زمین بند تھے، پھر ہم نے انہیں کھولا۔ اور بنایا ہم نے پانی سے ہر چیز زندہ۔" تو کیا نہیں مانتے؟ O

۳۱.	اور گاڑ دیے ہم نے زمین میں پہاڑ، کہ کہیں ہل جائے ان کو لیے۔ اور بنایا ہم نے اس میں کھلے کھلے راستے، کہ لوگ راہ چلتے پھرتے رہیں O

۳۲.	اور کر دیا ہم نے آسمان کو محفوظ چھت۔ '' اور کفار اس کی نشانیوں سے منہ پھیرے ہیں O

۳۳.	اور وہی ہے جس نے پیدا فرمایا رات اور دن کو، اور سورج اور چاند کو۔ سب ایک دائرے میں تیر رہے ہیں O

۳۴.	اور نہیں کیا ہم نے کسی بشر کے لیے تم سے پہلے یہاں ہمیشہ رہنا، ''تو کیا اگر تم انتقال کر جاؤ، تو یہ کافر لوگ ہمیشہ رہنے والے ہیں؟ O

۳۵۔ ہر جان کو موت کا مزہ چکھنا ہے۔ اور ہم آزماتے ہیں تمہیں دکھ اور سکھ سے آزمانے کو۔ اور ہمارے ہی طرف لوٹائے جاؤ گے O

۳۶۔ اور جب دیکھا تم کو کافروں نے، تو نہیں قرار دیتے تمہیں مگر مذاق۔ کہ "کیا یہی کہا کرتے ہیں تمہارے بتوں کو۔" حالانکہ خدائے مہربان کے ذکر سے وہ منکر ہیں O

۳۷۔ پیدا کیا گیا ہے انسان جلد پسندی سے، بہت جلد ہم دکھا دیں گے تمہیں اپنی نشانیاں، تو جلد بازی سے کام نہ لو O

۳۸۔ اور پوچھتے ہیں کہ "کب یہ وعدہ ہوگا اگر سچے ہو؟ O

۳۹۔ کاش جانتے جنہوں نے کفر کر رکھا ہے، جس وقت، کہ نہ روک سکیں گے اپنے چہرے سے آگ، اور نہ اپنی اپنی پشت سے، اور نہ ان کی مدد کی جائے گی O

۴۰. بلکہ آپڑے گی ان پر اچانک تو بھوچکا کر دے گی انہیں ، تو اس کو پھیر سکیں گے اور نہ انہیں مہلت دی جائے گی O

۴۱. اور بیشک مذاق اڑایا گیا رسولوں کا تم سے پہلے ، تو پڑے گا جو مذاق کرتے تھے ان سے ، ان پر ان کا مذاق O

۴۲. پوچھو کہ "کون محفوظ رکھتا ہے تمہیں رات و دن خدائے مہربان سے ؟" بلکہ وہ اپنے پروردگار کی یاد سے منہ پھیرے ہیں O

۴۳. کیا ان کے بت ہیں جو بچاتے ہیں انہیں میرے مقابلے پر؟ وہ تو سکت نہیں رکھتے اپنے آپ مدد کرنے کی ، اور نہ وہ ہم سے مدد کیے جائیں O

۴۴. بلکہ ہم نے رہنے سہنے دیا ان کو اور ان کے باپ دادوں کو، یہاں تک کہ دراز ہوگئی ان کی عمر، تو کیا انہیں نہیں سوجھتا کہ "ہم اس

ملک کو گھٹاتے جاتے ہیں ان کے حدود سے۔ ''تو کیا یہ جیتیں گے؟O

۴۵. صاف کہہ دو کہ ''میں بس ڈراتا ہوں تمہیں وحی سے۔'' اور نہیں سنتے بہرے پکارنے کو، جب کہ وہ ڈرائے جائیںO

۴۶. اور اگر لگ جاتی انہیں ہوا تمہارے رب کے عذاب کی، تو ضرور بول پڑتے کہ ''ہائے بربادی، بیشک ہم اندھیر والے تھےO

۴۷. اور رکھیں گے ہم انصاف کے ترازو و قیامت کے دن، تو ظلم نہ کیا جائے گا کوئی کچھ۔ اور اگر کچھ ہو رائی کے دانے کے برابر، تو ہم اسے بھی لا چکے۔ اور ہم کافی حساب کرنے والے ہیںO

۴۸. اور بیشک دیا ہم نے موسیٰ وہارون کو توریت، حق و باطل کو جدا کرنے والی، اور روشنی اور نصیحت ڈرنے والوں کے لیےO

۴۹. جو ڈریں اپنے رب کو بے دیکھے، اور وہ قیامت سے
تھرتھراتے ہیں O

۵۰. اور یہ نصیحت ہے مبارک، کہ اتارا ہم نے جسے۔ توکیا تم اس
کے منکر ہو؟ O

۵۱. اور بیشک دیا تھا ہم نے ابراہیم کو ان کی نیک راہ پہلے ہی
سے، اور ہم انہیں جانتے تھے O

۵۲. جب کہ کہا اپنے بابا سے اور اس کی قوم سے، ''یہ مورتیاں کیا
ہیں؟ کہ تم ان کا آسن مارے ہو'' سب نے جواب دیا O

۵۳. کہ ''ہم نے اپنے باپ دادوں کو پایا کہ ان کے پجاری ہیں O

۵۴. وہ بولے کہ ''بلاشبہ تم اور تمہارے باپ دادا کھلی گمراہی میں
تھے O

۵۵. سب بولے کہ "کیا آپ ہمارے پاس حق لائے ہیں، یا بے کار مذاق کرتے ہیں؟ O

۵۶. وہ بولے "بلکہ تمہارا پروردگار آسمانوں اور زمین کا پالنہار ہے،، جس نے ان سب کو پیدا فرمایا۔ اور میں اس پر گواہوں میں سے گواہ ہوں O

۵۷. اور اللہ کی قسم ضرور میں بگاڑوں گا تمہارے بتوں کو، بعد اس کے کہ تم واپس جاؤ پشت دکھا کر O

۵۸. تو کر دیا ان بتوں کو ریزہ ریزہ، مگر ان میں بڑے کو، کہ وہ لوگ ادھر واپس ہوں گے O

۵۹. سب بولے کہ "کس نے کیا یہ ہمارے معبودوں سے؟ بیشک وہ اندھیر کرنے والوں سے ہے O

۶۰. بعض بولے کہ ''ہم نے سنا ہے ایک نوجوان کو، کہ ان کے لیے بولتا ہے، ان کو ابراہیم کہا جاتا ہے O''

۶۱. سب بولے ''تو اس کو لاؤ سب کے سامنے، کہ وہ لوگ گواہی دیں O

۶۲. سب نے پوچھا کہ 'کیا تم نے کیا ہے یہ ہمارے معبودوں کے ساتھ اے ابراہیم ؟ O

۶۳. جواب دیا 'بلکہ کر گزرا ہو، ان کا یہ بڑا۔ تو ان سب سے پوچھو اگر بولتے ہوں O

۶۴. تو سب نے اپنے اپنے جی میں پلٹا کھایا، اور کہنے لگے کہ ''بلا شبہ تمہیں اندھیر والے ہو O

۶۵. پھر اوندھے سر کر دیے گئے۔ کہ ''تمہیں خوب معلوم ہے کہ یہ بولتے نہیں O

۶۶۔ جواب دیا "تو کیا پوجا پاٹ کرتے ہو اللہ سے بے واسطہ ہو کر، اس کا جو نہ بنا سکے تمہارا کچھ، اور نہ بگاڑ سکے تمہارا O

۶۷۔ تھڑی ہے تم پر اور ان پر جنہیں تم پوجتے ہو، بمقابلہ اللہ کے۔ تو کیا عقل نہیں رکھتے O

۶۸۔ سب نے کہا کہ "ان کو جلا دو، اور مدد کرو اپنے معبودوں کی، اگر کرنا ہے O

۶۹۔ ہم نے حکم دیا کہ "اے آگ ہو جا ٹھنڈی اور سلامتی ابراہیم پر O

۷۰۔ اور ان لوگوں نے چاہا ابراہیم کا برا، پس ہم نے کر دیا انہیں کو گھاٹے والا O

۷۱۔ اور بچا لے گئے ہم انہیں اور لوط کو، اس زمین کی طرف، کہ جس میں ہم نے برکت دے رکھی ہے، جہان والوں کے لیے O

۷۲۔ اور عطا فرمایا ہم نے انہیں اسحاق، اور یعقوب پوتا۔ اور سب کو بنایا ہم نے لیاقت والے O

۷۳۔ اور کر دیا ہم نے انہیں امام، کہ ہدایت کریں ہمارے حکم سے، اور وحی بھیجی ہم نے ان کی طرف،''نیکیوں کے کرنے اور نماز کی پابندی، اور زکوٰۃ دینے کی۔'' اور وہ تھے ہمارے ہی پوجنے والے O

۷۴۔ اور لوط کو دیا تھا ہم نے نبوت و علم، اور نجات دی ہم نے انہیں اس آبادی سے جو بد کاری کرتی تھی۔ بلاشبہ وہ تھے بد کردار لوگ، نافرمان O

۷۵۔ اور لے لیا ہم نے لوط کو اپنی رحمت میں۔ بیشک وہ لیاقت مندوں سے ہوئے O

۷۶. اور نوح، جب کہ پکارا پہلے اس سے، تو ہم نے قبول فرمالیا اسے، چنانچہ نجات دی ہم نے انہیں، اور ان کے اہل کو بڑی سختی سے O

۷۷. اور مدد فرمائی ہم نے ان کی اس قوم سے، جس نے جھٹلایا ہماری نشانیوں کو، بیشک وہ تھے برے لوگ، تو ہم نے ڈبو دیا ان سب کو O

۷۸. اور داؤد و سلیمان، جب کہ فیصلہ کر رہے تھے کھیتی کے بارے میں، کہ پڑ گئی تھیں اس میں لوگوں کی بکریاں، اور ہم تو ان کے فیصلے کے وقت حاضر ہی تھے O

۷۹. تو ہم نے سمجھا دیا معاملہ سلیمان کو۔ اور سب کو دے رکھا تھا ہم نے حکومت و علم۔ اور قابو میں کر دیا ہم نے داؤد کے ساتھ پہاڑوں کو کہ تسبیح کریں، اور پرند کو۔ اور کرنے والے ہم تھے O

۸۰. اور سکھا دیا تھا ہم نے انہیں ایک تمہارے کام کے پہناوے کی کاریگری، کہ تمہاری حفاظت کرے تم لوگوں کی جنگ سے، توکیا تم شکر گزار ہو؟ O

۸۱. اور سلیمان کے لیے تیز ہوا کو، کہ چلا کرے ان کے حکم سے اس زمین کی طرف جس میں ہم نے برکت دے رکھی ہے۔ اور ہم ہر چیز کے دانا ہیں O

۸۲. اور کچھ شیطان تھے کہ غوطے لگاتے ان کے لیے، اور دوسرے کام کرتے۔ اور ہم سب کے نگراں تھے O

۸۳. اور ایوب نے جب پکارا اپنے رب کو کہ "پہنچا ہے مجھے دکھ، اور تو سب رحم والوں سے بڑھ کر رحم والا ہے O

۸۴. تو قبول فرمالیا ہم نے اسے، تو دور کر دیا ہم نے جو انہیں دکھ تھا، اور دیا ہم نے انہیں ان کے اہل و عیال کو، اور اتنے ہی اور

رحمت فرماتے ہوئے اپنی طرف سے، اور درس اپنے پجاریوں کے لیے ○

۸۵. اور اسماعیل وادریس وذوالکفل۔ سب صبر والے تھے ○

۸۶. اور لے لیا ہم نے انہیں اپنی رحمت میں، کہ بلاشبہ وہ لیاقت مندوں سے تھے ○

۸۷. اور ذوالنون، جب کہ چل پڑے تھے غصے میں بھرے، پھر خیال کیا، کہ ہم تنگی نہ ڈالیں گے ان پر، پھر پکارا اندھیریوں میں کہ ''نہیں ہے کوئی پوجنے کے قابل سوا تیرے، پاکی ہے تیری۔ بیشک میں بے جا کرنے والوں سے تھا ○

۸۸. تو ہم نے قبول فرمالیا اس پکار کو، اور بچالیا ان کو غم سے۔ اور اسی طرح بچالیتے ہیں ہم اپنے ماننے والوں کو ○

۸۹. اور زکریا نے جب پکارا اپنے رب کو کہ "پروردگار! مت چھوڑ مجھے لاوارث، اور تو سب سے بہتر وارث ہے O

۹۰. تو ہم نے اسے قبول فرما لیا اور بخش دیا انہیں یحییٰ۔ اور ان کے لائق کر دیا ہم نے ان کی بی بی کو۔ بیشک یہ لوگ جلدی کرتے تھے نیکیوں میں۔ اور پکارتے تھے ہمیں خوشی خوشی، اور کانپتے ڈرتے، اور تھے ہمارے سامنے گڑگڑانے والے O

۹۱. اور وہ جس نے محفوظ رکھی اپنی پاک بازی، تو نفخ روح فرمایا ہم نے، اور بنا دیا انہیں اور ان کے بیٹے کو نشانی سارے جہاں کے لیے O

۹۲. بیشک یہ تمہارا دین، ایک ہی دین ہے۔ اور میں تم سب کا رب ہوں، تو میری عبادت کرو O

۹۳. اور پارہ پارہ کر دیا انھوں نے اپنا کام آپس میں، سب ہماری طرف لوٹنے والے ہیں۔ O

۹۴. تو جو کرتا رہے لیاقت مندی کے کام اور وہ صاحب ایمان ہے تو اس کی محنت کا کوئی انکار نہیں۔ اور بلا شبہ ہم سب لکھتے ہیں۔ O

۹۵. اور حرام ہے اس آبادی پر جس کو ہم نے برباد کر دیا ہے کہ وہ لوگ اب یہاں نہ واپس ہوں گے۔ O

۹۶. یہاں تک کہ جب کھول دیے گئے یاجوج و ماجوج، اور وہ ہر ٹیلے سے ڈھلکیں گے O

۹۷. اور نزدیک آگیا وعدہ حقہ، تو اس دم پھٹی کی پھٹی رہ جائیں گی آنکھیں کافروں کی۔ ''ہائے افسوس! ہم غفلت میں پڑے تھے اس جانب سے، بلکہ ہم اندھیر والے تھے'' O

۹۸۔ ''بیشک تم اور تمہارے من دون اللہ سارے معبود، جہنم کا ایندھن ہیں۔ تم اس میں جاؤ گے'' O

۹۹۔ اگر یہ معبود ہوتے تو اس میں نہ جاتے۔ اور سب اس میں ہمیشہ رہنے والے ہیں O

۱۰۰۔ انہیں اس میں گدھے کی چیخ ہے، اور وہ اس میں سن نہ پائیں گے O

۱۰۱۔ بیشک جن کے لیے پہلے ہو چکا ہماری طرف سے سب سے اچھا انجام، وہ اس سے دور رکھے جائیں گے O

۱۰۲۔ نہ سنیں گے اس کی بھنک۔ اور وہ اس میں جس کو انہوں نے چاہا، ہمیشہ رہنے والے ہیں O

۱۰۳۔ نہیں رنجیدہ کرتا انہیں وہ سب سے بڑی گھبراہٹ اور ملیں گے انہیں فرشتے کہ یہ تمہارا وہی دن ہے جس کا تمہیں وعدہ دیا گیا تھا۔ O

۱۰۴۔ جس دن کہ لپٹیں گے ہم آسمانوں کو مثل لپیٹنے سجل کے نوشتوں کو۔ جس طرح کہ ابتدا فرمائی تھی ہم نے پہلی پیدائش کی، دوبارہ کر دیں گے اسے، یہ وعدہ ہے ہمارے ذمے، ہم کو ضرور کرنا ہے O

۱۰۵۔ اور بیشک لکھا ہم نے زبور میں نصیحت کے بعد کہ ''بیشک اس زمین کے وارث ہوں گے میرے لیاقت والے بندے O

۱۰۶۔ بیشک اس قرآن میں کافی پیغام ہے عبادت کرنے والوں کے لیے O

۱۰۷.   اور نہیں بھیجا ہم نے تمہیں مگر رحمت سارے جہاں کے لیےO

۱۰۸.   کہہ دو کہ ''یہی وحی کی جاتی ہے میری طرف، کہ بس تمہارا معبود ہے صرف اللہ اکیلا، تو کیا تم اسلام قبول کرتے ہو؟O

۱۰۹.   پھر اگر انھوں نے بے رخی کی، تو کہہ دو کہ ''میں نے جنگ کا اعلان کر دیا تم سے برابر پر، اور میں کیا اٹکل رکھوں، کہ قریب ہے یا دور ہے،،جس کا تمہیں وعدہ کیا گیاO

۱۱۰.   بیشک وہ جانتا ہے آواز کی بولی، اور جانتا ہے جو تم چھپاتے ہوO

۱۱۱.   اور میں کیا اٹکل لگاؤں کہ وہ تمہاری آزمائش ہے، اور کچھ وقت کا رہنا سہنا ہےO

۱۱۲. دعا کی کہ "پروردگار فیصلہ فرما دے حق۔ اور ہمارا رب بڑا مہربان، اسی کی مدد درکار ہے جو باتیں تم کرتے ہو O

۲۲۔ سورۃ الحج

نام سے اللہ کے بڑا مہربان بخشنے والا O

۱. اے لوگو! ڈرو اپنے رب کو، بیشک قیامت کا زلزلہ بڑی سخت چیز ہے O

۲. جس دن تم دیکھ ہی لو گے کہ بھول گئی ہر دودھ پلانے والی جس کو دودھ پلایا ہے، اور ڈال دے گی ہر حاملہ اپنا حمل، اور تم دیکھو گے لوگوں کو کہ نشے کے مارے ہیں، حالانکہ وہ نشے میں نہیں ہیں۔ لیکن ہاں اللہ کا عذاب سخت ہے O

۳.	اور کچھ لوگ ہیں کہ جھگڑتے ہیں اللہ کے بارے میں بے جانے بوجھے، اور پیچھے پیچھے رہتے ہیں ہر شیطان سرکش کے O

۴.	جس کے لیے طے کر دیا گیا ہے کہ جو اس کی دوستی کرے، وہ اس کو گمراہ کرتا رہے، اور لے چلے اسے عذاب جہنم کی طرف O

۵.	لوگو! اگر ''تمھیں شک ہے قیامت میں زندہ اٹھائے جانے میں، تو بلا شبہ ہمیں نے تم کو پیدا فرمایا مٹی سے، پھر نطفے سے، پھر گاڑھے خون سے، پھر لوتھڑے سے، صورت پوری بنی یا بے بنی، تاکہ ہم روشن کر دیں حقیقت تمہارے بھلے کو، اور ہم ٹھہراؤ دیتے ہیں ماں کے پیٹ میں جسے چاہیں، ایک مقرر وقت تک۔ پھر نکالتے ہیں ہم بچہ، کہ پھر پہنچو تم اپنی جوانی کو اور بعض تمہارے ہیں کہ ان کی عمر پوری کر دی جاتی ہے، اور کچھ وہ کہ پھینک دیے گئے نکمی عمر تک، کہ کچھ نہ جانیں، جاننے کے بعد۔ اور دیکھا کرتے ہو زمین کو سوکھی پڑی،

پھر جب ہم نے گرایا اس پر پانی، تو ابھری اور پھولی اور اگانے لگی ہر قسم کے خوشنما جوڑے O

٦۔ یہ سب یوں کہ بلاشبہ اللہ ہی حق ہے۔ بیشک وہ جلاتا ہے مردوں کو، اور بیشک وہ ہر چاہے پر قدرت رکھتا ہے O

٧۔ اور بیشک قیامت آنے والی ہی ہے، جس میں ذرا بھی شک نہیں۔ اور بیشک اللہ زندہ اٹھائے گا، جو قبروں میں ہیں O

٨۔ اور ان لوگوں میں وہ بھی ہے کہ جھگڑتا ہے اللہ کے بارے میں، بغیر جانے بوجھے اور بغیر راہ پائے، اور بغیر کسی روشن لکھے کے O

٩۔ اپنی گردن جھٹکا کر، تاکہ بے راہ کر دے اللہ کی راہ سے، اس کے لیے دنیا میں رسوائی ہے اور چکھائیں گے ہم اسے قیامت کے دن، آگ کا عذاب O

28

۱۰۔ یہ ہے جو پہلے ہی بھیج دیا تھا تیرے ہاتھوں نے "اور بیشک اللہ نہیں اندھیر کرتا اپنے بندوں کے حق میں O

۱۱۔ اور ان لوگوں میں وہ ہے، جو پوجتا ہے اللہ کو ایمان سے کنارہ کش ہو کر، تو اگر پہنچی ان تک بھلائی تو مطمئن ہو گیا۔ اور اگر پہنچی کوئی آزمائش تو پلٹ گیا منہ کے بل۔۔ گھاٹا ہو گیا دنیا و آخرت کا۔ یہی کھلا ہوا گھاٹا ہے O

۱۲۔ دعائیں کرتا ہے من دون اللہ سے جو نہ بگاڑ سکیں اس کا، اور جو نہ بنا سکیں۔ یہی ہے پلے سرے کی گمراہی O

۱۳۔ دعا مانگتا ہے اس سے جس کا نقصان زیادہ قریب ہے خیالی نفع سے۔ بیشک کتنا برا مولیٰ اور بیشک کیسا برا ساتھی ہے O

۱۴۔ بیشک اللہ داخل فرمائے گا جو مان گئے، اور لیاقت مندی
کے کام کیے، باغوں میں، کہ بہتی ہیں جن کے نیچے نہریں۔ بلاشبہ
اللہ، کرگزرے جو چاہے O

۱۵۔ جو اس خبط میں ہے کہ ''اللہ اپنے بنی کی مدد نہ دنیا میں فرمائے
گا اور نہ آخرت میں'' تو وہ ایک رسی سے لٹک جائے عالم بالا تک، پھر
کاٹ دے، اب دیکھے اس کی ترکیب نے دور کردیا جس سے وہ بھنا
جاتا ہے O

۱۶۔ اور اسی طرح اتارا ہم نے اسے روشن آیتیں، اور بیشک اللہ
راہ دے جسے چاہے O

۱۷۔ بیشک سارے مسلمان، اور جو یہودی ہیں، اور ستارہ پرست
اور عیسائی اور آتش پرست اور مشرک لوگ، ضرور فیصلہ فرمائے گا اللہ
ان کے درمیان، قیامت کے دن۔ بیشک اللہ کے سامنے سب کچھ
ہے O

۱۸۔ کیا تم نے نہیں دیکھا کہ ''اللہ کا سجدہ کرتے ہیں جو بھی آسمانوں میں اور جو بھی زمین میں ہیں، اور سورج، اور چاند، اور تارے، اور پہاڑ، اور درخت، اور چوپائے، اور بہتیرے انسان۔'' اور بہتیرے ہیں کہ ان پر عذاب ہونا ہی ہے۔ اور جسے اللہ رسوا کرے، تو اس کو کوئی عزت دینے والا نہیں۔ بیشک اللہ کرے جو چاہے O

۱۹۔ یہ دو فریق ہیں جو لڑ پڑے اپنے رب کے بارے میں، تو جنہوں نے کفر کیا، تو بیونتے گئے ان کے لیے آگ کے کپڑے۔ بہایا جائے گا ان کی کھوپڑیوں پر سے کھولتا پانی O

۲۰۔ کہ گل جائے گا جس سے جو کچھ ان کے پیٹ میں ہے اور کھال O

۲۱۔ اور ان کے لیے لوہے کے گرز ہیں O

31

۲۲۔ جب انہوں نے چاہا کہ نکل بھاگیں اس سے غم کی وجہ سے تو واپس کر دیے گئے اس میں کہ چکھو آگ کا عذاب۔ O

۲۳۔ بیشک اللہ، داخل فرمائے گا انہیں جو ایمان لائے اور لائق کام کیے، باغوں میں، جن کے نیچے بہتی ہیں نہریں، پہنائے جائیں گے اس میں سونے کے کنگن اور موتی، اور لباس ان کا ہے اس میں ریشم O

۲۴۔ اور وہ چلائے گئے پاکیزہ بات کی طرف، اور راہ دی گئی مستحق حمد کی O

۲۵۔ بیشک جنہوں نے کفر کیا، اور روکتے ہیں اللہ کی راہ سے، اور مسجد حرام سے،، جس کو بنایا ہم نے ہر انسان کے لیے، خواہ اس میں سکونت رکھنے والا ہے یا باہر کا ہے۔ اور جو بھی چاہے گا اس میں کسی زیادتی کو ناحق، تو چکھائیں گے ہم اسے دکھ دینے والا عذاب O

۲۶. اور جب کہ ٹھکانہ بتایا ہم نے ابراہیم کو بیت اللہ کی جگہ کا کہ ''مت ٹریک بنانا میرا کچھ، اور پاک رکھو میرا گھر طواف کرنے والوں اور قیام کرنے والوں اور رکوع والوں اور سجدہ والوں کے لیے O

۲۷. اور اعلان عام کر دو انسانوں میں حج کا، تو آئیں گے تمہارے پاس پیادہ اور دوڑ والی دبلی اونٹنیوں پر، جو آیا کرتی ہیں دور دراز راہ سے O

۲۸. تاکہ حاضر ہو جائیں اپنے فائدوں کے لیے، اور اللہ کا نام لیں جانے بوجھے دنوں میں، ان جانوروں کے ذبیحہ پر، جو ہم نے روزی فرمائی، چوپائے، تو اس میں سے کھاؤ اور نادار محتاج کو کھلاؤ O

۲۹. پھر دور کریں اپنے جسمانی کچرے کو، اور پوری کریں اپنی منتیں، اور طواف کریں اس قدیم گھر کا O

۳۰. یہ ہے قانون۔ اور جو تعظیم کرے اللہ کی بخشی حرمتوں کی، تو ہی بہت بہتر ہے اس کے لیے اس کے رب کے یہاں۔ اور حلال کر

دیے گئے تمہارے لیے سارے چوپائے ، مگر وہ جو ظاہر کر دیے گئے تم پر ، تو بچو بتوں کی گندگی سے ، اور بچو جھوٹ کے بولنے سے O

۳۱.   یکسو ہو کر اللہ کے لیے ، اس کا شریک نہ بناتے ہوئے ۔ اور جو شریک بنائے اللہ کا ، تو گویا گر پڑا آسمان سے ، کہ اچک لے اسے پرند ، اڑا لے جائے اسے ہوا ، کہیں دور جگہ O

۳۲.   یہی بات ہے ۔ اور جو تعظیم کرے اللہ کی یاد دلانے والی چیزوں کی ، تو یہ دل میں خوف خدا ہونے سے ہے O

۳۳.   تمہیں ان چوپایوں میں فائدے ہیں مقرر میعاد تک ، پھر ان کو پہنچا دینا ہے اس قدیم گھر تک O

۳۴.   اور ہر ایک امت کے لیے ہم نے کر دیا ہے ایک قربانی ، تاکہ وہ اللہ کا نام لیں جو روزی فرمائی ، بے زبان چوپائے کے ذبیحہ پر ۔

تو تمہارا معبود ہے اللہ اکیلا، تو اس کے لیے تم لوگ گردن ڈال دو، اور تم خوشخبری دو ایسے بے نفسوں کو O

۳۵. وہ، کہ جب یاد کیا گیا اللہ، تو تھرا اٹھے ان کے دل، اور صبر کرنے والے جو مصیبت آئے انہیں، اور پابندی کرنے والے نماز کے، اور جو ہم نے روزی دی اس سے خرچ کیا کرتے ہیں O

۳۶. اور ڈیل ڈول والے جانوروں کو ہم نے بنا دیا تمہارے لیے اللہ کی نشانیوں سے، تمہاری ان میں بھلائی ہے۔ تو اللہ کا نام لو، ان پر وہ کھڑے ہی رہیں، پھر جب گر جائیں اپنی اپنی کروٹ، تو کھاؤ اسے، اور کھلاؤ بے سوال محتاج کو اور سوالی فقیر کو۔ اسی طرح قابو میں کر دیا انہیں تمہارے کہ شکر گزار رہو O

۳۷. نہیں پہنچتا اللہ کو ان سب کا گوشت، اور نہ خون، ہاں پہنچتا ہے اس تک تمہارا اللہ سے ڈرنا۔ اسی طرح قابو میں دے دیا انہیں تم

لوگوں کے ، کہ تکبیر بولو سب اللہ کی جو راہ دی تمہیں ۔ اور خوشخبری دو تم احسان والوں کو O

۳۸۔   بیشک اللہ ٹال دیتا ہے بلا کو ان سے ، جو اسے مان گئے ۔ بیشک اللہ نہیں پسند فرماتا کسی دغا باز ناشکرے کو O

۳۹۔   اجازت جنگ دے دی گئی انہیں ، جن سے جنگ کی جا رہی ہے ، کہ وہ مظلوم ہیں ۔ بیشک اللہ ان کی مدد پر قدرت رکھتا ہے O

۴۰۔   جو نکالے گئے اپنے گھروں سے ناحق ، مگر یہ کہ کہا کرتے کہ ہمارا پالنے والا اللہ ہے ۔ ''اور اگر نہ ہوتا ہٹاتے رہنا اللہ کا لوگوں کو ، بعضوں کو بعض سے ، تو ضرور ڈھا دی جاتیں خانقاہیں ، اور عیسائیوں کے گرجے ، اور یہودیوں کے عبادت خانے ، اور مسلمانوں کی مسجدیں ، جن میں یاد کیا جاتا ہے اللہ کا نام بہت ۔ اور ضرور مدد فرمائے گا اللہ اس کی ، جو اس کے دین کی مدد کرے ، بیشک اللہ ضرور قوت والا غلبے والا ہے O

۴۱.	وہ لوگ کہ جہاں ہم نے مضبوط کیا انہیں اس ملک میں، تو انہوں نے برپا کر ہی دیا نماز کو، اور دیتے ہی رہے زکوٰۃ، اور حکم دیا کیے نیکی کا، اور روکا ہی کیے برائی سے۔ اور اللہ کے لیے سب کاموں کا انجام ہے O

۴۲.	اور اگر جھوٹے جھٹلاتے ہیں تمہیں، تو جھٹلا چکے ہیں ان سے پہلے نوح کی قوم، اور عاد و ثمود O

۴۳.	و قوم ابراہیم و قوم لوط O

۴۴.	اور مدین والے۔ اور جھٹلائے گئے موسیٰ، تو میں نے مہلت دی کافروں کو، پھر انہیں پکڑا۔ تو کیسا میرا عذاب تھا O

۴۵.	اور کتنی بستیاں ہیں جنہیں ہم نے ویران کر دیا کہ وہ اندھیر نگری تھیں، تو وہ اپنی چھتوں پر گری پڑی ہیں، اور کنوئیں کتنے بے کار ہیں، اور کتنے مضبوط محل O

۴۶۔   تو کیا ملک میں نہیں گھومے، کہ ان کے دل ہو جائیں جس سے سمجھیں، یا کان ہو جائیں جس سے سن سکیں۔ کیونکہ آنکھیں نہیں اندھی ہوتیں، لیکن ہاں سینوں میں دل اندھے ہو جاتے ہیں O

۴۷۔   اور جلد بازی مچا رہے ہیں تم سے عذاب کی، اور اللہ تعالٰی اپنے وعدے کے خلاف ہرگز نہ کرے گا، اور بلا شبہ ایک دن تمہارے پروردگار کے یہاں، جیسے ہزار سال ہے، جس قاعدے سے تم شمار کیا کرتے ہو O

۴۸۔   اور کتنی آبادیاں ہیں جن کو میں نے ڈھیل دی، اور وہ اندھیر نگری تھیں، پھر دھر پکڑکی ان کی۔ اور میرے ہی طرف پھرنا ہے O

۴۹۔   کہہ دو کہ ''اے لوگو! میں تمہیں کھلا کھلا ڈرانے والا ہی ہوں O

38

۵۰.	تو جا مان گئے، اور لیاقت والے کام کیے، ان کے لیے بخشش ہے اور عزت کی روزی O

۵۱.	اور جنہوں نے دوڑ لگائی ہماری آیتوں میں، کہ ہرا دیں، وہ ہیں جہنم والے O

۵۲.	اور نہیں بھیجا ہم نے تم سے پہلے کوئی رسول، نہ نبی، مگر یہ کہ جب پڑھا، تو شیطان نے اپنی طرف سے اپنوں کے لیے بڑھا دیا ان کے پڑھنے میں، تو میٹ دیتا ہے اللہ جو شیطان کا القاء ہے، پھر مضبوط فرما دیتا ہے اللہ اپنی آیتوں کو۔ اور اللہ علم والا حکمت والا ہے O

۵۳.	تا کہ کر دے القاء شیطانی کو آزمائش، ان کے لیے جن کے دلوں میں بیماری ہے، اور جن کے دل سخت ہیں۔ اور بیشک اندھیر والے پرلے سرے کے جھگڑالو ہیں O

۵۴.	اور تا کہ جان لیں وہ، جنہیں علم دیا گیا ہے، کہ بلا شبہ یہی ٹھیک ہے تمہارے رب کی طرف سے، تو اس کو مان جائیں، پھر

گرویدہ ہو جائیں اس کے ان کے دل۔ اور بیشک اللہ ضرور راہ دینے والا ہے انہیں جو مان چکے ہیں، سیدھی راہ کی طرف O

۵۵۔   اور ہمیشہ وہ جو کافر رہے، شک میں رہیں گے اس کی طرف سے، یہاں تک کہ آ جائے ان پر قیامت اچانک، یا آ جائے ان پر عذاب اس دن کا جس پھل نہیں O

۵۶۔   بادشاہی اس دن صرف اللہ کی ہے، جو فیصلہ فرمائے گا ان کا۔ تو جس نے مانا اور لیاقت کے کام کیے، عیش کے باغوں میں ہیں O

۵۷۔   اور جس نے انکار کیا اور جھٹلایا ہماری آیتوں کو، تو انہیں کے لیے ہے عذاب ذلیل کرنے والا O

۵۸۔ اور جنہوں نے ہجرت کی اللہ کی راہ میں، پھر شہید کر دیے گئے یا انتقال کیا، ضرور اللہ ان کو اچھی روزی دے گا۔ اور بلاشبہ اللہ ضرور سب سے اچھی روزی دینے والا ہے O

۵۹۔ تاکہ داخل فرمائے انہیں ایسی جگہ جو وہ پسند کرتے ہوں۔ اور بیشک اللہ ضرور علم والا حلم والا ہے O

۶۰۔ یہی بات ہے۔ اور جس نے بدلہ لیا جیسا اس کو دکھ دیا گیا تھا، پھر اس پر زیادتی کی گئی، تو ضرور مدد فرمائے گا اس کی اللہ۔ بیشک اللہ ضرور معاف کرنے والا مغفرت فرمانے والا ہے O

۶۱۔ یہ یوں کہ "بلاشبہ اللہ، رات کو دن میں ڈال دیتا ہے، اور دن کو رات میں سمو دیتا ہے، اور بیشک اللہ سننے والا دیکھنے والا ہے O

۶۲۔ یہ یوں کہ ''اللہ ہی حق ہے، اور بلاشبہ کفار جس کی دہائی دیتے ہیں اللہ کے مقابل، باطل ہی ہے، اور بلاشبہ اللہ ہی بلندی والا بڑائی والا ہے O

۶۳۔ کیا تم نہیں دیکھتے رہتے، کہ اللہ نے برسایا آسمان کی طرف سے پانی، تو صبح کو ہو گئی ساری زمین سبزہ زار۔ بیشک اللہ لطف والا خبر دار ہے O

۶۴۔ اسی کا ہے جو کچھ آسمانوں، اور جو کچھ زمین میں ہے۔ اور بیشک اللہ ضرور ہی بے نیاز لائق حمد ہے O

۶۵۔ کیا تم نہیں دیکھا کرتے کہ اللہ نے قابو میں کر دیا تم لوگوں کے جو کچھ زمین میں ہے، اور کشتیاں چلتی ہیں دریا میں اس کے حکم سے۔ اور رو کے ہے آسمان کو گر پڑنے سے زمین پر، مگر اس کے حکم سے۔ بیشک اللہ لوگوں پر ضرور کرم والا رحم والا ہے O

٦٦.	وہی ہے جس نے تم کو جلایا۔ پھر مارے گا تمہیں، پھر جلائے گا تمہیں۔ بیشک انسان ضرور ناشکرا ہے O

٦٧.	ہر امت کے لیے بنا دیا تھا ہم نے ان کا طریقہ عبادت، کہ اس پر چلا کریں، تو جھگڑا نہ کرنے پائیں اس امر میں، اور بلاتے رہو اپنے رب کی طرف۔ بیشک تم ضرور سیدھی راہ پر ہو O

٦٨.	اور اگر کافروں نے جھگڑا نکالا، تو کہہ دو کہ ''اللہ خوب جانتا ہے تمہارے کرتوت کو O

٦٩.	اللہ فیصلہ فرمائے گا تمہارا قیامت کے دن، جس بارے میں تم جھگڑتے تھے O

٧٠.	کیا تم نہیں جانتے کہ ''اللہ ضرور جانتا ہے جو کچھ آسمانوں و زمین میں ہے۔ بلاشبہ یہ ایک نوشتہ میں ہے۔ بیشک یہ اللہ پر آسان'' ہے O

۷۱. اور من دون اللہ کو پوجتے ہیں، جن کی نہ اللہ نے کوئی سند بھیجی، اور جن کا خود ہی انہیں علم نہیں ہے۔ اور اندھیر والوں کا کوئی مددگار نہیں O

۷۲. اور جب تلاوت کی جاتی ہیں ان پر ہماری روشن آیتیں، تو پہچان لوگے ان کے چہروں میں، جنہوں نے انکار کر دیا ہے ناگواری کو۔ کہ ''اب دھاوا ہی بول دیں ان پر جو ان پر تلاوت کر رہے ہیں ہماری آیتوں کی۔ ''تم بتا دو کہ 'کیا میں تمہیں بتا دوں تمہارا اس حال سے بھی بدتر کو، وہ ہے آگ، ''جس کا وعدہ کر چکا اللہ انہیں جو کافر ہوئے، اور کتنا برا پھرنے کا مقام ہے O

۷۳. اے لوگو! ایک کہاوت ہے اسے سنو۔ بلا شبہ ان کی دہائی دیتے ہو اللہ کے مقابل، نہ پیدا کر سکیں گے ایک مچھی، گو اس کے لیے سب مل جائیں۔ اور اگر چھین لے ان سے مکھی کچھ، تو اس کو اس سے لے نہ سکیں۔ گئے گزرے طالب و مطلوب دونوں O

۷۴.   نہ قدر جانی معبود کی جاننے کا حق ہے۔ بیشک اللہ ضرور قوت والا غلبے والا ہے O

۷۵.   اللہ چن لیتا ہے فرشتوں سے رسولوں کو اور انسانوں سے۔ بیشک اللہ سننے والا دیکھنے والا ہے O

۷۶.   جانتا ہے جو کچھ ان کے سامنے اور جو کچھ ان کے پیچھے ہے، اور اللہ ہی کی طرف لوٹائے جائیں گے سارے کام O

۷۷.   اے مسلمانو! ''رکوع کرو، اور سجدہ کرو، اور پوجو اپنے رب کو، اور بھلائی کیا کرو، کہ کامیابی پاؤ O

۷۸.   اور جانبازی کرو اللہ کی راہ میں جو جان کی بازی لگانے کا حق ہے۔ اس نے تم کو چنا اور نہیں رکھی تم پر دین میں کوئی تنگی، تمہارے مورث ابراہیم کا دین۔ اس نے تمہارا نام رکھا مسلمان۔۔ پہلے سے، اور اس کتاب میں بھی، تاکہ ہوں رسول گواہ تمہارے، اور تم بنو گواہ دوسروں پر۔ تو پابندی کرتے رہو نماز کی، اور دیتے رہو

زکوٰۃ کو، اور مضبوط پکڑ لو اللہ کو۔ وہی تمہارا مولیٰ ہے۔ تو کیسا اچھا مولیٰ ہے، اور کتنا اچھا مددگار ہے O

۲۳۔ سورۃ المؤمنون

نام سے اللہ کے بڑا مہربان بخشنے والا O

۱. بیشک کامیاب ہوئے ایمان والے O

۲. جو اپنی نماز میں گڑ گڑاتے ہیں O

۳. (اور جو بے کار باتوں) لغو اور ناشائستہ کاموں (سے کنارہ کش) اور اس سے انکار کرنے والے (ہیں)۔ O

۴. اور جو زکوٰۃ کو ادا کرنے والے ہیں O

۵. اور جو اپنی شرمگاہوں کو محفوظ رکھنے والے ہیں O

۶. مگر اپنی نکاحیوں پر، یا جو بندیاں دست ملکیت میں ہیں، کہ ان پر کوئی الزام نہیں O

۷. ہاں جس نے ان دو کے سوا کی نفسانی خواہش کی، تو وہ حد سے بڑھ جانے والے ہیں O

۸. اور جو اپنی امانتوں اور عہد کے خیال رکھنے والے ہیں O

۹. اور جو اپنی نمازوں پر نگرانی رکھتے ہیں۔ O

۱۰. وہی لوگ ہیں ایسے وارث O

۱۱. جو میراث لیں گے فردوس کی۔ اس میں ہمیشہ رہنے والے O

۱۲. اور ہم نے واقع میں پیدا فرمایا ایک انسان کو منتخب مٹی سے O

۱۳۔ پھر بناتے رہے ہم اسے ایک قطرہ، ایک مضبوط مقام میں O

۱۴۔ پھر بنا دیتے رہے قطرے کو گاڑھا خون، پھر گاڑھے خون کی بوٹی، پھر بوٹی کو ہڈیاں، پھر پہنا دیا کیے ہڈیوں کو گوشت۔ پھر ابھارتے رہے اور صورت سے۔ تو کیسی برکت دکھائی اللہ نے، نہایت خوب پیدا کرنے والا O

۱۵۔ پھر بلاشبہ تم لوگ اس کے بعد مرنے والے ہو O

۱۶۔ پھر یقیناً تم قیامت کے دن اٹھائے جاؤ گے O

۱۷۔ اور ہم نے پیدا فرمایا تمہارے سروں پر سات راستے۔ اور نہ تھے ہم مخلوق سے غافل O

۱۸۔ اور اتارا ہم نے آسمان کی طرف سے پانی ایک مقدار میں، پھر اسے رکھا زمین میں۔ اور ہم اس کے لیے جانے پر قادر ہیں O

۱۹. پھر پیدا فرمایا ہم نے تمہارے لیے اس سے باغ، کھجور و انگور کے۔۔ تمہارے لیے جس میں بہتیرے میوے ہیں اور اس سے تم کھاتے رہتے ہو O

۲۰. اور ایک درخت جو نکلتا ہے طور سینا سے، اگتا ہے تیل لے کر، اور سالن کھانے والوں کے لیے O

۲۱. اور بیشک تمہارے لیے چوپایوں میں ضرور سبق ہے۔ کہ ہم پلاتے ہیں تمہیں جو ان کے پیٹوں میں ہے، اور تمہارے ان سے بہتیرے فائدے ہیں، اور ان میں سے ہیں کہ تم کھاتے ہو O

۲۲. اور ان پر، نیز کشتیوں پر لادے جاتے ہو O

۲۳. اور بیشک بھیجا ہم نے نوح کو ان کی قوم کی طرف، تو حکم دیا کہ "اے قوم پوجو اللہ کو، تمہارا کوئی معبود نہیں اس کے سوا۔ تو کیا اللہ سے نہیں ڈرتے؟ O

۲۴۔   تو بولے قوم کے چودھری لوگ جنہوں نے کفر کیا، کہ یہ نہیں ہے مگر تمہاری طرح بشر۔۔۔ چاہتا ہے کہ بڑھ جائے تم پر۔ اور اگر اللہ چاہتا، تو اتار دیتا فرشتے۔ ہم نے نہیں سنا یہ اپنے اگلے باپ دادوں میں O

۲۵۔   وہ بس دیوانگی کا ایک مرد بیمار ہے، تو انتظار کرو کچھ مدت کا O

۲۶۔   دعا کی نوح نے کہ "پروردگار! میری مدد فرما، جوان سب نے جھٹلا دیا ہے O

۲۷۔   تو ہم نے وحی بھیجی ان کی طرف کہ "کشتی بناؤ، ہمارے سامنے اور ہمارے کہے پر، تو جب آگیا ہمارا حکم، اور ابلنے لگا تنور، اب چڑھا لو اس میں ہر چیز کے جوڑے دو، اور اپنے گھرانے کو، مگر ان میں سے جس پر بات پہلے ہی طے ہو گئی، اور مت بولنا مجھے ان کے لیے جو اندھیر کر چکے ہیں، کہ وہ بلا شبہ ڈبوئے جائیں گے O

۲۸.	پھر جب برابر بیٹھ گئے تم اور تمہارے ساتھی کشتی پر، تو بولو کہ ''ساری حمد اللہ کے لیے، جس نے بچایا ہمیں اندھیر مچانے والی قوم سے O

۲۹.	اور دعا کرو، کہ ''پروردگار مجھ کو اتار کسی مبارک فرودگاہ پر، اور تو بہتر مہمان نواز ہے O

۳۰.	بیشک اس میں ضرور نشانیاں ہیں، اور بلاشبہ ہم ان کے امتحان لینے والے تھے O

۳۱.	پھر اٹھایا ہم نے ان کے بعد دوسرے طبقے کو O

۳۲.	پھر بھیجا ان میں رسول ان میں سے کہ ''پوجو اللہ کو، نہیں ہے تمہارا کوئی معبود اس کے سوا، تو کیا اسے نہیں ڈرتے O

۳۳.	اور جواب دیا ان کی قوم کے چودھریوں نے، جنھوں نے کفر کیا تھا اور جھٹلاتے تھے آخرت کی ملاقات کو، اور آسودہ حال کر رکھا تھا

ہم نے انہیں دنیاوی زندگی میں کہ ''یہ نہیں ہیں مگر تمہارے جیسے بشر، کھاتے ہیں جو تم کھاتے ہو، اور پیتے ہیں جو تم پیتے ہو O

۳۴. اور اگر تم نے کہا مان لیا کسی اپنی طرح سے بشر کا، تو بلاشبہ تم رہے گھاٹے والے O

۳۵. کیا تم لوگوں سے وہ وعدہ کرتا ہے، کہ جہاں تم مرے اور خاک اور ہڈیاں ہو گئے، تو تم نکالے جاؤ گے O

۳۶. کہاں کی بات، کوسوں دور، جس کا تم سے وعدہ کیا جاتا ہے O

۳۷. بس یہی ہماری دنیاوی زندگی ہے، کہ مرتے ہیں اور جیتے ہیں، اور ہم اٹھائے نہ جائیں گے O

۳۸. یہ بس کوئی شخص ہے جس نے گڑھنت کر لیا اللہ پر جھوٹ، اور ہم لوگ اس کو نہیں مانتے O

۳۹.　　انہوں نے دعا کی، کہ ''پروردگار میری مدد فرما، جو ان سب نے جھٹلا دیا ہے O

۴۰.　　ارشاد ہوا کہ ''ذرا سے میں یہ صبح کریں گے پچھتاتے ہوئے O

۴۱.　　تو پکڑ لیا انہیں چنگھاڑ نے، حق کی طرف سے، تو بنا دیا انہیں کوڑا کرکٹ، تو دور ہوں اندھیر مچانے والی قوم O

۴۲.　　پھر ابھارا ہم نے ان کے بعد اور طبقوں کو O

۴۳.　　نہ آئی کوئی امت اپنے وقت سے پہلے، اور نہ رہ گئی اپنے وقت سے پیچھے O

۴۴.　　پھر بھیجا اپنے رسولوں کو مسلسل۔ جب آیا کسی امت کے پاس اس کا رسول، تو جھٹلا دیا اسے، تو ہم نے پیچھے لگا دیا ایک کو

دوسرے کے ، اور بنا دی انہیں کہانیاں ، تو دور ہوں نہ ماننے والی قومO

۴۵۔ پھر بھیجا ہم نے موسیٰ اور ان کے بھائی ہارون کو۔ اپنی نشانیوں اور کھلی سند کے ساتھO

۴۶۔ فرعون اور اس کے چودھریوں کی طرف ، تو وہ سب بڑے بنے اور تھے اونچے لوگO

۴۷۔ چنانچہ بولے کہ "کیا ہم مانیں اپنی طرح کے دو بشر کو؟" اور ان کی قوم ہماری پوجا پاٹ کرنے والی ہےO

۴۸۔ تو جھٹلایا انہوں نے ان دونوں کو ، تو ہلاک ہو گئےO

۴۹۔ اور بیشک دی تھی ہم نے موسیٰ کو کتاب ، کہ لوگ راہ پکڑیںO

۵۰.   اور بنا دیا تھا ہم نے ابن مریم اور ان کی ماں کو نشانی، اور ٹھکانہ دیا ان دونوں کو اونچی زمین پر، ٹھہرنے کے قابل اور بہتا چشمہ O

۵۱.   اے رسولو! کھاؤ پاکیزہ چیزیں اور عمل کرو اپنے لائق۔ بیشک میں تمہارے اعمال کا جاننے والا ہوں O

۵۲.   اور بیشک یہ تم سب کا دستور ایک ہی دستور ہے، اور میں تم سب کا رب ہوں، تو مجھے ڈرو O

۵۳.   پھر ٹکڑے ٹکڑے کر دیا انہوں نے اپنے کام کو باہم، فرقہ فرقہ ہو کر، ہر پارٹی جو اپنے اپنے پاس ہے، اس سے ہر ایک مگن ہے O

۵۴.   تو انہیں چھوڑو ان کے نشے میں کچھ مدت O

۵۵. کیا وہ اس خیال میں پڑے ہیں کہ ہم جو مدد کرتے ہیں ان کی
مال واولاد سے O

۵۶. تو جلدی جلدی انہیں بھلائیاں دیتے ہیں، بلکہ یہ سارے
ہماری منشا سے بیخبر ہیں O

۵۷. ہاں! جو اپنے رب کے خوف سے کانپنے والے ہیں O

۵۸. اور جو اپنے رب کی آیتوں کو مانتے ہیں O

۵۹. اور جو اپنے رب کا شریک نہیں ٹھہراتے O

۶۰. اور جو دیتے ہیں اپنا دیا ہوا، اور ان کے دل تھرا رہے ہیں کہ
''وہ سب اپنے رب کی طرف لوٹنے والے ہیں O

۶۱. وہ ہیں کہ جلدی کر رہے ہیں نیکیوں میں، اور وہ اس بارے
میں بڑھ گئے O

۶۲. اور ہم نہیں حکم دیتے کسی کو، مگر اس کی سکت بھر کا، اور ہمارے پاس کتاب ہے جو بولتی ہے ٹھیک، اور ان پر اندھیر نہ ہو گا O

۶۳. بلکہ ان کے دل اس کی طرف سے غفلت و جہالت میں ہیں، اور ان کے کام اس سے الگ تھلک ہیں، جسے وہ کیا کرتے ہیں O

۶۴. یہاں تک کہ جب پکڑا ہم نے ان کے آسودہ حالوں کو عذاب میں، تو اب وہ چلاتے ہیں O

۶۵. مت چلاؤ آج۔۔ یقیناً تمھیں ہم سے مدد نہ دی جائے گی O

۶۶. بیشک ہماری آیتیں پڑھی جاتی تھیں تم پر، تو تم الٹے پاؤں لوٹتے تھے O

۶۷. اپنی بڑائی مارتے، اس کی کہانیاں بناتے، بیہودہ بکتے تھے O

۶۸.	توکیا غور نہیں کیا بات میں؟ یا آگیا ان کے پاس جو نہیں آیا تھا ان کے اگلے باپ دادوں کے پاس O

۶۹.	یا انہوں نے اپنے رسول کو پہچانا نہیں، تو ان کے منکر ہیں O

۷۰.	یا کہتے ہیں کہ ''انہیں خبط ہے''۔ بلکہ وہ آئے ان کے پاس بالکل ٹھیک، اور ان کے بہتیرے حق کو برا جانتے ہیں O

۷۱.	اور اگر پیچھے پیچھے رہتا حق ان کی خواہشوں کے، تو خراب ہو جاتے سارے آسمان اور زمین، اور جو ان میں ہے۔ بلکہ ہم تو لائے ان کے پاس ان کے بول بات کو، تو وہ خود اپنے بول بات سے بے رخی کرنے والے ہیں O

۷۲.	یا تم ان سے معاوضہ مانگتے ہو، کہ تمہارے رب کا دینا سب سے بہتر ہے۔ اور وہ خوب روزی دینے والا ہے O

۷۳.	اور بلاشبہ تم تو انہیں بلاتے ہو سیدھی راہ کی طرف O

۷۴.   اور بیشک جو نہیں مانتے آخرت کو، وہ راہ سے مڑے ہیں O

۷۵.   اور اگر ہم نے ان پر رحم فرمایا اور دور کر دیا ان کے دکھ کو، تو

پھر کھڑے ہوئے کہ اپنی سرکشی میں مدہوش ہیں O

۷۶.   اور بلاشبہ ہم نے انہیں پکڑا تھا عذاب میں، تو نہ جھکے اپنے

رب کے لئے، اور نہ گڑگڑاتے ہیں، O

۷۷.   یہاں تک کہ جہاں کھول دیا ہم نے ان پر کوئی دروازہ سخت

عذاب والا، تو وہ اب اس میں ناامید پڑے ہیں۔ O

۷۸.   اور وہ وہی ہے، جس نے پیدا فرمایا تمہارے لئے کان اور

آنکھیں اور دل۔ تم بہت کم شکر گزار ہوتے ہو۔ O

۷۹.   اور وہی ہے جس نے پھیلا دیا تمہیں زمین میں، اور اسی کی

طرف تم اٹھائے جاؤ گے۔ O

.۸۰ اور وہ وہی ہے، جو جلائے اور مارے، اور اسی کا ہے رات دن کا الٹ پھیر۔ تو کیا تم لوگ عقل نہیں رکھتے؟ O

.۸۱ بلکہ یہ سب تو بولے جیسے اگلے بولا کئے۔ O

.۸۲ بولے کہ "کیا جب ہم مر چکے اور ہو گئے مٹی اور ہڈیاں، تو کیا ہم اٹھائے جائیں گے۔ O

.۸۳ بیشک یہ دھمکی ہم کو بھی دی گئی، اور ہمارے باپ دادوں کو پہلے سے۔ یہ نہیں ہے مگر اگلوں کی کہانیاں۔" O

.۸۴ پوچھو کہ "کس کی ہے یہ زمین، اور جو کچھ اس میں ہے؟ اگر تم لوگ جانتے ہو۔ O

.۸۵ ابھی بول دیں گے کہ "اللہ کی" کہو کہ "پھر کیوں نہیں سبق لیتے؟ O"

۸۶. پوچھو کہ 'کون ہے پروردگار ساتوں آسمانوں کا، اور پروردگار عرش عظیم کا؟، O

۸۷. ' ابھی بول پڑیں گے ''اللہ کو،'' کہو ''پھر کیوں نہیں ڈرتے؟'' O

۸۸. سوال کرو کہ 'کس کے ہاتھ میں ہے ہر چیز پر دباؤ؟ اور وہ تو پناہ دیتا ہے اور اس کے مقابلے پر کوئی پناہ نہیں دی جا سکتی، اگر جانتے ہو۔'' O

۸۹. ابھی جواب دیں گے کہ ''اللہ کے،'' کہو ''پھر کیوں خبط میں رہتے ہو؟ O

۹۰. بلکہ ہم تو ان کے پاس لائے حق اور بلا شبہ وہی جھوٹے ہیں۔ O

۹۱۔ نہ اللہ نے اختیار کیا کوئی اولاد، اور نہ اس کے ساتھ کوئی معبود ہے، کہ یوں تو لے جاتا ہر معبود جو پیدا کرتا، اور ضرور چڑھائی بڑائی کرتے ایک دوسرے پر۔ پاکی ہے اللہ کی، جو وہ بک دیتے ہیں۔ O

۹۲۔ جاننے والا غیب و شہادت کا، بلند و بالا ہے اس سے جس کو شریک بناتے ہیں۔ O

۹۳۔ تم دعا سکھا دو کہ "پروردگار اگر دکھائے بھی تو مجھے، جو کفاروں سے وعدہ کیا گیا ہے۔ O

۹۴۔ تو پروردگار نہ رکھنا مجھے ان اندھیر مچانے والوں میں۔" O

۹۵۔ اور بلاشبہ ہم اس پر کہ تم کو دکھا دیں جس کا ہم کافروں سے وعدہ کرتے ہیں، یقیناً قادر ہیں۔ O

۹۶۔ دور کرتے رہو بڑی بھلائی سے برائی کو۔ ہم جانتے ہیں جو بات وہ بناتے ہیں۔ O

۹۷.　اور تم یہ دعا سکھا دو، کہ ''پروردگار تیری پناہ ہے، شیطانوں کے وسوسوں سے، O

۹۸.　اور تیری پناہ ہے اے رب، کہ وہ میرے پاس آئیں۔'' O

۹۹.　بالآخر جب آ گئی ان میں سے کسی کی موت، تو دعا کرنے لگا کہ ''پروردگار مجھ کو لوٹا دے۔) O

۱۰۰.　کہ میں کروں لیاقت کے کام دنیا میں جسے چھوڑ آیا ہوں۔'' ''ہرگز نہیں،'' یہاں ایک بات ہی بات ہے جو وہ زبانی کہے جاتا ہے۔ اور ''ان کے ادھر درمیانی پردہ ہے، اس دن تک کہ اٹھائے جائیں۔ O

۱۰۱.　تو جب پھونکا گیا صور میں تو نہ رہا ان میں نسب اس دن اور نہ باہمی پوچھ گچھ کریں گے۔ O

۱۰۲.	توجس کا پلہ بھاری رہا، وہی تو کامیاب ہیں۔ O

۱۰۳.	جس کا پلہ ہلکا پڑا، تو وہ ہیں جنھوں نے اپنا گھاٹا کیا جہنم میں رہنے والے۔ O

۱۰۴.	جھلس دے گی ان کے چہروں کو آگ اور وہ اس میں بگڑی تیوری میں ہوں گے۔ O

۱۰۵.	"کیا نہیں پڑھی جاتی تھیں تم پر میری آیتیں؟ تو تم انہیں جھٹلاتے تھے۔، O

۱۰۶.	چیخ پڑے "پروردگار، غالب ہوگئی ہم پر ہماری بدبختی، اور ہم گمراہ لوگ تھے۔ O

۱۰۷.	پروردگار نکال ہمیں اس سے، پھر اگر دوبارہ ہم کریں، تو بیشک ہم اندھیر والے ہیں۔" O

۱۰۸۔   فرمان ہوا کہ "دتکارے پڑے رہو جہنم میں، اور مجھ سے بات نہ کرو۔" O

۱۰۹۔   بلاشبہ میرے بندوں کی جماعت تھی، وہ دعا کیا کرتے تھے کہ "پروردگار ہم مان گئے، تو ہمیں بخش دے اور رحم فرما، اور تو سب سے بہتر رحم فرمانے والا ہے۔"، O

۱۱۰۔   "تو بنا لیا تھا تم نے انہیں مذاق، یہاں تک کہ اس شغل سے بھلا دیا تم نے میری یاد کو، اور ان سے ہنسا کرتے تھے۔ O

۱۱۱۔   بلاشبہ میں نے ثواب دیا انہیں آج، جو انہوں نے صبر کیا۔ بیشک وہی کامیاب ہیں۔" O

۱۱۲۔   پوچھا کہ "کتنا رہے تم زمین میں، سال کے حساب سے۔" O

۱۱۳.   جواب دیا کہ ''ہم رہے ہوں گے ایک دن یا اس سے کم، ''تو سوال کیجیۓ گنتی جاننے والوں سے O

۱۱۴.   فرمایا تم نہیں ٹھہرے مگر کم اگر تم علم رکھتے ہوتے۔ O

۱۱۵.   (تو کیا تم نے خیال کر لیا کہ ہم نے پیدا فرمایا ہے تمہیں بس بے کار، اور یہ کہ تم ہماری طرف لوٹائے نہ جاؤ گے۔)O

۱۱۶.   پس بلند و بالا ہے اللہ، بادشاہ سچا۔ نہیں ہے کوئی پوجنے کے قابل اس کے سوا، پروردگار عرش مکرم کا۔ O

۱۱۷.   اور جو دہائی دے اللہ کے ساتھ دوسرے معبود کی، کہ کوئی دلیل نہیں ہے اس کی اس کے پاس، تو اس کا حساب اس کے رب ہی کے یہاں ہے۔ بلاشبہ کافر لوگ کامیاب نہیں ہوتے۔ O

۱۱۸.   اور دعا سکھا دو کہ ''پروردگار بخش دے اور رحم فرما، اور تو سب سے بہتر رحم فرمانے والا ہے۔ ''O

۲۴۔ سورۃ النور

نام سے اللہ کے بڑا مہربان بخشنے والاO

ا. یہ ایک سورت ہے، کہ اتارا ہم نے جسے، اور فرض بیان کیا اس میں، اور اتارا اس میں کھلی کھلی آیتیں، کہ سبق لو۔ O

۲. زنا کرنے والی اور زنا کرنے والا، تو مارو ان میں سے ہر ایک کو سو کوڑے۔ اور نہ آئے تمہیں ان پر کچھ ترس قانون الٰہی میں، اگر تم مانتے ہو اللہ کو اور پچھلے دن کو۔ اور حاضر رہے ان کی سزا کے وقت ایک جماعت مسلمانوں کی۔ O

۳۔   زانی نکاح نہ کرے، مگر زانیہ یا مشرکہ سے زور زانیہ نکاح نہ کرے، مگر زانی، یا مشرک سے اور حرام کر دیا گیا ہے یہ مسلمانوں پر۔ O

۴۔   اور جو تہمت لگائیں، پاکباز بیبیوں کو، پھر نہ لائے چار گواہ، تو لگاؤ انہیں اسی کوڑے، اور نہ مانو ان کی گواہی کبھی۔ اور خود ہی نافرمان ہیں۔ O

۵۔   مگر جس نے توبہ کر لی، اس کے بعد، اور لائق بنا لیا اپنے کو، تو بلا شبہ اللہ غفور رحیم ہے۔ O

۶۔   اور جو عیب لگائیں اپنی بیبیوں کو، اور نہ ہوں ان کے گواہ خود اپنے کے، "فریقین میں سے ایک کی گواہی ہے چار مرتبہ گواہی دینا، اللہ کے نام سے، کہ وہ سچا ہے،۔ O

۷۔ اور پانچویں یہ کہ اللہ کی لعنت ہو اس پر، اگر وہ جھوٹا ہے۔" O

۸۔ اور ہٹا دیتا ہے عورت سے سزا کو، یہ کہ "وہ دے چار بار گواہیاں اللہ کے نام سے، کہ مرد جھوٹا ہے، O

۹۔ اور پانچویں کہ اللہ کا غضب ہو اس پر، اگر مرد سچا ہو۔" O

۱۰۔ اور کیا ہوتا، اگر نہ ہوتا، اللہ کا فضل تم پر اور اس کی رحمت، اور یہ کہ اللہ توبہ قبول فرمانے والا حکمت والا ہے۔ O

۱۱۔ بیشک جنہوں نے گڑھا اتنا بڑا بہتان تمہیں سے کچھ ہیں۔ اس کو اپنے لئے برا نہ سمجھ، بلکہ وہ بہت اچھا ہے تمہارے لئے ان میں سے ہر ایک کا گناہ وہ جو اس نے کمایا، اور جس نے بڑا حصہ لیا اس کے لئے بڑا عذاب ہے۔ O

۱۲۔ کیوں نہ ہوا کہ جب تم نے سنا اسے ، تو گمان رکھتے ایمان والے مرد و عورت ، اپنوں کے ساتھ اچھا؟ اور کہہ دیتے کہ '' یہ کھلا ہوا بہتان ہے ۔'' O

۱۳۔ کیوں نہ لائے اس کے چار گواہ؟ اب جو نہ لائے گواہ ، تو وہی اللہ کے نزدیک جھوٹے ہیں ۔ O

۱۴۔ اور اگر نہ ہوتا اللہ کا فضل تم پر ، اور اس کی رحمت دنیا و آخرت میں تو ضرور پہنچ جاتا تمہیں اس میں جس میں تم لوگ پڑ گئے تھے ، بڑا عذاب O

۱۵۔ جو ایک دوسرے کی زبان سے لیتے تھے اور اپنے منہ سے کہہ ڈالتے تھے ، جس کا تمہیں کچھ علم نہیں اور تم خیال کرتے رہے اس کو معمولی بات ۔ اور وہ اللہ کے نزدیک بڑی بات ہے ۔ O

۱۶.	اور کیوں نہ ہوا کہ جب سنا تھا تم نے اسے، تو کہہ دیتے کہ
ہمیں حق نہیں کہ ایسا بولیں۔ پاکی ہے تیری، یہ بڑا بہتان ہے۔" O

۱۷.	نصیحت فرمائے دیتا ہے تمہیں اللہ کہ "دوبارہ ہو ایسا کبھی،
اگر ماننے والے ہو۔" O

۱۸.	اور بیان فرماتا ہے اللہ تعالیٰ تمہارے لیے نشانیاں اور اللہ
علم والا حکمت والا ہے۔ O

۱۹.	بیشک جو چاہتے ہیں کہ پھیل جائے برا چرچا مسلمانوں میں،
ان کے لئے دکھ دینے والا عذاب ہے۔ دنیا و آخرت میں اور اللہ جانتا
ہے اور تم لوگ نہیں جانتے۔ O

۲۰.	اور غضب تھا اگر نہ ہوتا اللہ کا فضل تم پر اور اس کی رحمت،
اور یہ کہ اللہ بڑا مہربان رحم فرمانے والا ہے۔ O

۲۱. اے ایمان والو! نہ لگو شیطان کے قدموں سے۔ اور جو لگا شیطان کے قدموں سے، تو بلا شبہ وہ تو حکم دے بے حیائی اور برائی کا اور اگر نہ ہوتا اللہ کا فضل تم پر اور اس کی رحمت، تو کوئی تم میں سے پاکیزہ کبھی نہ ہوتا۔ لیکن اللہ پاک فرما دے جسے چاہے اور اللہ سننے والا علم والا ہے۔ O

۲۲. اور نہ قسم کھا بیٹھیں تم میں فضیلت والے اور گنجائش والے، قرابت والوں اور مسکینوں اور راہ خدا میں گھر بار چھوڑنے والوں کو دینے سے، اور چاہیئے کہ معاف کر دیں اور درگزر کریں۔ کیا تم لوگ نہیں چاہتے کہ اللہ بخش دے تمہیں اور اللہ غفور و رحیم ہے۔ O

۲۳. بیشک جو عیب لگائیں پارسا اور انجان مسلمانوں عورتوں پر وہ لعنت کیے گئے ہیں دنیا و آخرت میں اور ان کے لیے بڑا عذاب ہے۔ O

۲۴.	جس دن کہ گواہی دیں گی ان پر ان کی زبانیں، اور ان کے ہاتھ اور ان سب کے پاؤں، جو کیا کرتے تھے۔ O

۲۵.	اس دن پورا پورا دے گا انہیں اللہ ان کا ٹھیک بدلا، اور وہ سب جان لیں گے کہ بلاشبہ اللہ ہی حق، روشن ہے۔ O

۲۶.	گندیاں گندوں کے لئے اور گندے گندیوں کے لئے اور پاکدامن، پاکبازوں کے لئے، اور پاکباز پاکدامنوں کے لئے ہیں۔ و بری ہیں اسے، جو لوگ بکتے ہیں۔ ان کے لئے بخشش اور عزت والی روزی ہے۔ O

۲۷.	اے مسلمانو! ''نہ جاؤ گھروں میں، اپنے اپنے گھروں کے سوا، یہاں تک کہ اجازت لے لو اور سلام کرو گھر والوں پر یہ تمہارے لئے بہتر ہے، اگر سوچو۔'' O

۲۸.	پھر اگر نہ پایا تم نے اس میں کسی کو، تو اس میں نہ جاؤ، یہاں تک کہ اجازت دی جائے تمہیں۔ اور اگر تمہیں کہہ دیا جائے کہ

"واپس جاؤ،" "تو واپس ہوجاؤ، یہ تمہارے لئے زیادہ پاکیزہ ہے۔ اور اللہ جو کرو وہ جانتا ہے۔ O

۲۹۔   تمہارے لئے کوئی مضائقہ نہیں، کہ جاؤ ایسے گھروں میں جس میں کوئی خاص نہ رہتا ہو، اس میں تم کو رہنے کا حق ہے، اور اللہ جانتا ہے تم لوگ جو ظاہر کرو اور جو چھپایا کرو۔ O

۳۰۔   حکم دو اپنے ماننے والوں کو کہ "اپنی نگاہیں نیچی رکھیں اور اپنی شرم گاہوں کی حفاظت رکھیں۔" یہ زیادہ پاکیزہ ہے ان کے لئے۔ بیشک اللہ باخبر ہے جو بھی وہ کریں۔ O

۳۱۔   اور حکم دو ایمان والیوں کو کہ "وہ اپنی نگاہیں نیچی رکھیں، اور اپنی شرم گاہوں کی حفاظت رکھیں، اور نہ ظاہر کریں اپنی آرائش کو، مگر جو خود ظاہر ہے اور ڈال لیا کریں اپنے دو پٹوں کو اپنے گریبانوں پر، اور نہ ظاہر کریں اپنے بناؤ سنگار کو، مگر اپنے شوہروں کے لئے، یا اپنے باپ، یا خسر، یا اپنے بیٹوں، یا اپنے شوہروں کے بیٹوں، یا

اپنے بھائیوں یا اپنے بھتیجوں، یا اپنے بھانجوں، یا اپنی عورتوں یا اپنے دست ملکیت کی لونڈیوں یا نوکروں پر، جو ابھی جوان مرد نہیں، یا بچوں پر، جو ابھی نہیں جانتے عورتوں کی شرم کی چیزوں کو اور نہ ماریں اپنے پاؤں، جو ابھی نہیں جانتے عورتوں کی شرم کی چیزوں کو اور نہ ماریں اپنے پاؤں، تاکہ جان لیا جائے جو چھپائے ہیں اپنی آرائش۔'' اور توبہ کرو اللہ سے سب کے سب اے ایمان والو، کہ تم اپنی مراد پاؤ۔ O

۳۲. اور نکاح کر دو اپنے ناکتخداؤں کا، اور لائق غلاموں اور باندیوں کا۔ اگر وہ نادار ہیں تو، اللہ غنی کر دے گا انہیں اپنے فضل سے۔ اور اللہ وسعت والا علم والا ہے۔ O

۳۳. اور پاکدامن رہیں جو نہ پائیں نکاح کی سکت، یہاں تک کہ غنی کر دے انہیں اللہ اپنے فضل سے۔ اور جو لوگ چاہیں تمہارے لونڈی غلاموں سے اپنے مال دینے کی شرط پر آزادی کی کوئی تحریر، تو لکھ کر

دے دو اگر تم نے جان لیا ہو ان میں کوئی بھلائی۔ اور تم لوگ دے دیا کرو انہیں اللہ کے مال سے، جو اس نے دے رکھا ہے۔ تمہیں اور نہ مجبور کرو اپنی جوان لونڈیوں کو بدکاری پر، اگر وہ پاکبازی چاہیں، کہ تم چاہو دنیاوی زندگی کی پونجی۔ اور جو انہیں مجبور کرے گا، تو بیشک اللہ ان کے مجبور کیئے جانے کے بعد غفور رحیم ہے۔ O

۳۴. اور بیشک اتارا ہم نے تمہاری طرف روشن آیتیں اور واقعے ان کے، کہ تم سے پہلے ہو گزرے، اور نصیحت ڈر جانے والوں کے لئے۔ O

۳۵. اللہ نور ہے آسمانوں اور زمین کا۔ اس کے نور کی مثال جیسے ایک طاق، اس میں چراغ ہے۔ چراغ فانوس میں ہے۔ فانوس گویا ستارہ ہے موتی جیسا، روشن کیا جاتا ہے مبارک درخت زیتون سے، جو نہ پورب کا نہ پچھم کا۔ اب اس کا تیل روشن ہونے کو ہے، گو نہ چھو جائے اسے آگ۔ نور بالائے نور۔ اللہ اپنے نور کی راہ دے جسے

چاہے۔ اور اللہ مثالیں بیان فرماتا ہے لوگوں کے لئے۔ اور اللہ ہر موجود کو جاننے والا ہے۔ O

۳۶۔ ان گھروں میں جن میں حکم دیا اللہ نے کہ بلند کی جائیں اور ان میں اس کے نام کا چرچا کیا جائے، اس کی تسبیح کرتے ہیں اس میں صبح و شام، O،

۳۷۔ ایسے مرد میدان کہ نہ مشغول کر لیتی انہیں دکانداری اور نہ خرید و فروخت اللہ کو یاد کرنے سے، اور نماز کی پابندی اور زکوٰۃ کے دینے سے۔ ڈرتے ہیں اس دن کو، کہ الٹ پلٹ ہو جائیں گے جس میں دل اور آنکھیں۔ O

۳۸۔ تاکہ ثواب دے انہیں اللہ، ان کے کئے سے زیادہ بہتر، اور زیادتی فرمائے اپنے فضل سے۔ اور اللہ روزی دے جسے چاہے ان گنت۔ O

۳۹۔ اور جنھوں نے کفر کیا، ان کا سب کیا دھرا، جیسے چمکتی ریت چٹیل میدان کی، کہ خیال کرتا ہے پیاسا کہ پانی ہے، یہاں تک کہ جب آیا اس کے پاس، تو نہ پایا اسے کچھ، اور اللہ ہی کو وہاں پایا، تو اس نے پورا پورا حساب کتاب کر دیا۔ اور اللہ جلد حساب کرنے والا ہے۔ O

۴۰۔ یا جیسے اندھیریاں کسی کنڈ والے دریا میں، جسے ڈھانپے ہے موج، اس کے اوپر پھر موج، اس کے اوپر بادل۔ تاریکیاں ہیں ایک پر ایک۔ جہاں اپنا ہاتھ نکالا، تو دیکھ نہ پایا۔ اور جس کے لئے اللہ نے نور نہ رکھا، تو اس کے لئے کوئی نور ہی نہیں۔ O

۴۱۔ کیا تم نے نہیں دیکھا؟ کہ اللہ کی تسبیح کرتے ہیں آسمانوں والے، اور زمین والے اور پرند اڑتے ہوئے۔ سب جانکار ہیں اپنی نماز و تسبیح کے۔ اور اللہ کو علم ہے جو سب کرتے ہیں۔ O

۴۲۔ اور اللہ ہی کی ہے ملکیت آسمانوں اور زمین کی۔ اور اللہ کی طرف لوٹنا ہے۔ O

۴۳۔   کیا تم نے نہ دیکھا؟ کہ اللہ حرکت دیتا ہے بادل کو، پھر اکٹھا کرتا ہے ان سب کو، پھر کرتا ہے انہیں تہہ پر تہہ، تو دیکھتے ہو کہ قطرہ نکلتا ہے اس کے اندر سے۔ اور اتارتا ہے آسمان کی طرف سے ان کے پہاڑوں سے اولے، پھر بہاتا ہے جس پر چاہے، اور روک دیتا ہے جس سے چاہے، اس کی بجلی کی چمک، لے ہی جانے کو ہے آنکھیں۔ O

۴۴۔   الٹتا پلٹتا ہے اللہ رات اور دن کو، بیشک اس میں درس ہے آنکھ والوں کے لئے۔ O

۴۵۔   اور اللہ نے پیدا فرمایا ہر چلتے جاندار کو پانی سے، تو کوئی ہے کہ پیٹ کے بل چلتا ہے۔ اور کوئی چلتا ہے دو پایوں پر۔ اور کوئی چلتا ہے چار پر۔ اللہ پیدا فرمائے جو چاہے۔ بیشک اللہ ہر چاہے پر قادر ہے۔ O

۴۶۔ بیشک اتارا ہم نے روشن آیتوں کو۔ اور اللہ راہ دیتا ہے جسے چاہے، راہ راست کی۔ O

۴۷۔ اور کہہ تو دیتے ہیں کہ "ہم مان گئے اللہ اور رسول کو،" اور حکم مانا، پھر کچھ ان میں سے پھر جاتے ہیں اس کے بعد، اور وہ ماننے والے ہی نہیں ہیں۔ O

۴۸۔ اور جب بلائے گئے، اللہ و رسول کی طرف، کہ فیصلہ کر دیں ان کا اس وقت، ان میں سے کچھ بے رخی کرنے والے ہیں۔ O

۴۹۔ اور اگر ہو ان کے حق میں فیصلہ، تو آئیں اس کی طرف یقین مانتے۔ O

۵۰۔ کیا ان کے دلوں میں بیماری ہے؟ یا شک کر رکھا ہے، یا ڈرتے ہیں کہ زیادتی کریں گے ان پر اللہ و رسول۔ بلکہ خود وہی اندھیر مچانے والے ہیں۔ O

۵۱.   مسلمانوں کی بات تو بس یہ ہے کہ جب بھی بلائے گئے اللہ اور رسول کی طرف، تاکہ وہ رسول فیصلہ فرما دیں ان میں، تو عرض کریں کہ سن لیا اور کہا مان لیا۔ وہی کامیاب ہیں۔ O

۵۲.   اور جو کہا مانے اللہ اور اس کے رسول کا، اور ڈرے اللہ کو، اور خوف رکھے اس کا، تو وہی کامیاب ہیں۔ O

۵۳.   اور وہ لوگ قسم کھا گئے اللہ کی، بڑے زور کی قسم کہ "اگر آپ نے حکم دیا انہیں تو ضرور لڑنے کو نکل پڑیں گے۔" کہہ دو کہ "قسمیں نہ کھاؤ، کہا مان لینا ہی اصل نیکی ہے، بیشک اللہ باخبر ہے جو تم کرو گے"۔ O

۵۴.   حکم دے دو کہ "کہا مانو اللہ کا اور کہا مانو رسول کا۔" پھر بھی اگر بے رخی کی، تو رسول پر ذمہ داری ہے جو ان کے اوپر لگائی گئی ہے، اور تم لوگوں پر وہ بوجھ ہے جو تم پر لادا گیا ہے۔ اور اگر ان کا کہا مانو، تو راہ پا جاؤ۔ اور رسول پر ذمہ داری صرف علانیہ تبلیغ کی ہے۔ O

۵۵. وعدہ فرما لیا اللہ نے ان سے، جو تم میں سے ایمان لا چکے اور لیاقت والے کام کیۓ، کہ ضرور خلیفہ بنائے گا انہیں زمین میں، جس طرح حکومت دی تھی انہیں، جو ان سے پہلے ہوئے، اور ضرور جما دے گا ان کے لیۓ اس دین کو، جس کو پسند فرما لیا ان کے لیۓ اور ضرور بدلے میں دے گا ان کے خوف کے امن کو، کہ مجھ کو پوجتے رہیں اور نہ شریک بنائیں میرا کسی چیز کو۔ اور جس نے ناشکری کی اس کے بعد وہ تو نافرمان ہیں۔ O

۵۶. اور پابندی رکھو نماز کی، اور دیتے رہو زکوٰۃ کو، اور کہا مانو رسول کا، کہ تم رحم کیۓ جاؤ۔ O

۵۷. اس کا خیال بھی نہ کرنا کہ جنہوں نے کفر کیا، ہم سے بھاگ نکلیں گے زمین میں۔ اور ان کا ٹھکانا تو ہے آگ، اور واقع میں کتنا برا ٹھکانہ ہے۔ O

۵۸.	اے مسلمانو! اجازت لے لیا کریں گھر میں آنے کی جو تمھارے دست ملکیت میں ہیں، اور جو ابھی بالغ نہیں ہوئے تم میں سے، تین موقع پر۔ نماز فجر سے پہلے، اور جب کہ اتار کر رکھ دیتے ہو تم اپنے کپڑوں کو دوپہر کا وقت، اور نماز عشاء کے بعد۔۔ یہ تین شرم کے اوقات ہیں۔ نہ تم پر اور نہ ان پر کوئی الزام ہے ان وقتوں کے بعد۔ آنے جانے والے ایک دوسرے کے پاس۔ اس طرح بیان فرماتا ہے اللہ تمھارے لئے آیتیں۔ اور اللہ علم والا حکمت والا ہے۔ O

۵۹.	اور جب پہنچ چکیں تمھارے بچے بلوغ کو، تو انہیں بھی اجازت مانگنی چاہیے، جس طرح اجازت مانگا ان سے عمر کے پہلوں نے۔ اسی طرح بیان فرماتا ہے اللہ تمھارے لئے اپنی آیتوں کو، اور اللہ علم والا حکمت والا ہے۔ O

۶۰. اور بیٹھ جانے والی بوڑھی عورتیں، جنھیں نہیں رہ گئی امید نکاح کی، تو ان پر کچھ الزام نہیں، کہ رکھ دیا کریں اپنے اوپر کپڑے، بغیر مقام زینت کو دکھلاتے۔ اور اس سے بھی بچنا زیادہ بہتر ہے ان کے لئے۔ اور اللہ سننے والا جاننے والا ہے۔ O

۶۱. نہ اندھے پر الزام، اور نہ لنگڑے پر جرم۔ اور نہ بیمار کی پکڑ۔ اور نہ تم سب پر، کہ کھالو اپنوں کے گھر، یا اپنے باپ دادا کے گھر، یا اپنی ماں کے گھر، یا اپنے بھائیوں کے گھر، یا اپنی بہنوں کے گھر، یا اپنے چچاؤں کے گھر، یا اپنی پھوپھیوں کے گھر، یا اپنے ماموؤں کے گھر، یا اپنی خلاؤں کے گھر، یا جس گھر کی کنجیاں ملکیت میں ہوں، یا اپنے دوست کے یہاں۔ تم پر کوئی گناہ نہیں کہ جمع ہو کر کھاؤ یا الگ الگ۔ تو جب جانا چاہا کسی گھر میں، تو سلام کرو اپنے لوگوں پر، دعائے ملاقات، مبارک و پاکیزہ کرتے ہوئے اللہ سے۔ اس طرح سے بیان فرماتا ہے اللہ تمھارے لئے آیتیں، کہ عقل سے کام لو۔ O

۶۲.	مسلمان تو وہی ہیں جو مان گئے اللہ اور اس کے رسول کو، اور جب ہوں رسول کے ساتھ کسی کام میں، جس نے اکٹھا سب کو کیا ہو، تو پھر نہ گئے یہاں تک کہ رسول سے اجازت لے لی۔ بیشک جو اجازت لیتے ہیں تم سے، وہی جو مانتے ہیں اللہ اور اس کے رسول کو۔ تو جب تم اجازت مانگ لی تم سے اپنی کسی بات کی، تو اجازت دے دو انہیں جسے چاہو، اور اللہ کی مغفرت چاہو ان کے لئے، بیشک اللہ غفور و رحیم ہے۔ O

۶۳.	نہ قرار دو رسول کی پکار کو، باہم جیسے ایک دوسرے کو تمہارا پکارنا ہے، بیشک اللہ جانتا ہے انہیں، جو کھسک نکلتے ہیں تمہارے مجمع سے آڑ لے کر۔ تو ڈرتے رہیں جو مخالفت کریں حکم رسول سے، کہ پہنچا چاہتا ہے ان تک کوئی فتنہ اور پہنچ کر رہے گا انہیں دکھ دینے والا عذاب۔ O

۶۴. اچھی طرح سمجھ لو کہ بلاشبہ اللہ کا ہی ہے جو کچھ آسمانوں اور زمین میں ہے۔ وہ جانتا ہے جس پر تم ہو۔ اور اس دن کو کہ لوگ لوٹائے جائیں گے اس کی طرف، تو بتا دے گا انہیں جو کر رکھا ہے۔ اور اللہ ہر علم کا علیم ہے۔ O

۲۵۔ سورۃ الفرقان

نام سے اللہ کے بڑا مہربان بخشنے والا O

۱.   کتنا برکت والا ہے جس نے اتارا فیصلہ حق و باطل قرآن کو
اپنے بندے پر، تاکہ ہوں سارے جہان کو ڈرانے والے۔ O
۲.   وہ کہ، جس کی ہے بادشاہی آسمانوں اور زمین کی، اور نہیں
اختیار فرمایا اولاد کو اور نہ اس کا کوئی شریک ہے، بادشاہی میں، اور پیدا
فرمایا ہر چیز کو، پھر اس کا مناسب اندازہ رکھا۔ O

۳۔ اور لوگوں نے بنا لئے معبود، ان من دون اللہ کو، جو نہ پیدا کریں، اور وہ پیدا کئے جاتے ہیں، اور نہ کر سکیں اپنا نقصان نہ نفع، اور اختیار رکھیں مرنے کا، نہ جینے کا، نہ اٹھنے کا۔ O

۴۔ اور بک دئیے جنھوں نے کفر کر رکھا ہے کہ نہیں ہے، یہ قرآن مگر بہتان، جس کو رسول نے گڑھ لیا ہے، اور نہ مدد کر دی اس پر دوسروں نے، تو بہ بکنے والے خود اتر آئے اندھیرا اور جھوٹ پر۔ O

۵۔ اور وہ سب بولے کہ "اگلوں کی کہانیاں ہیں جن کو رسول نے لکھ لی ہیں، تو وہی پڑھی جاتی ہیں ان پر صبح و شام"۔ O

۶۔ جواب دو کہ "اس کو اتارا ہے اس نے جو جانتا ہے بھید کو آسمانوں اور زمین میں۔ بیشک وہ غفور رحیم ہے۔" O

۷. اور وہ بکا کئے کہ "کیا ہے اس رسول کو کہ کھاتا ہے کھانا، اور چلتا ہے بازاروں میں۔ کیوں نہ اتارا گیا ان کی طرف کوئی فرشتہ، کہ ہوتا ان کے ساتھ ڈرانے والا۔ O

۸. آ پڑتا ان کی طرف غیبی خزانہ، یا ان کے باغ ہوتے، جس سے کھاتے رہتے۔" اور ان اندھیر والوں نے کہہ دیا کہ "نہیں پیروی کرتے ہو مگر ایک جادو کئے ہوئے شخص کی۔" O

۹. دیکھو تو کیسی کہاوت بولے تمہارے لئے، تو ایسے بے راہ ہوئے، کہ نہ رہ گئی کو راہ۔ O

۱۰. بڑی برکت والا ہے جو انشاء اللہ دے چکا تمہیں اس سے بہتر، ایسے باغ کہ بہتی ہیں جس کے نیچے نہریں اور کر دکھائے گا تمہارے لئے عالیشان محل۔ O

۱۱.　بلکہ وہ تو قیامت کو جھٹلا چکے۔ اور مہیا فرما دیا ہم نے اس کے لئے جس نے جھٹلایا قیامت کو، جہنم۔ O

۱۲.　جہاں اس نے دیکھ پایا ان کافروں کو دور سے، تو ان سب نے سنا اس کا جوش اور شور۔ O

۱۳.　اور جب ڈالے جائیں گے اس کے کسی تنگ جگہ میں جکڑے ہوئے تو وہاں مانگنے لگے موت کو۔ O

۱۴.　"مت مانگو آج ایک موت، اور مانگو بہت سی موتیں۔" O

۱۵.　پوچھو کہ "کیا یہ بہتر ہے، یا سدا بہار جنت؟" جس کا وعدہ کئے گئے اللہ سے ڈرنے والے۔ یہ ہے ان کا ثواب اور ٹھکانہ۔ O

۱۶.　ان کے لئے اس میں ہے جو چاہیں، ہمیشہ رہنے والے۔ یہ تمہارے رب کا ذمے دارنہ وعدہ ہے۔ O

۱۷.   اور جس دن اٹھائے گا انہیں اور جو ان کے معبود ہیں دون اللہ
ہیں ان کو، پھر فرمائے گا، "کیا تم نے گمراہ کیا تھا میرے ان بندوں
کو، یا انہوں نے خود کھو دیا راہ کو؟" O

۱۸.   سب بولے، "پاکی ہے تیری، ہمیں حق نہیں کہ بنائیں تجھے
چھوڑ کر مقابلے کے مددگار، ہاں تو نے ہی ان کو رہنے سہنے دیا اور ان
کے باپ دادوں کو، یہاں تک کہ سب بھول گئے سبق، اور ہو گئے
ہلاک ہو جانے والے" O

۱۹.   تو بلاشبہ اے کافر، تمہیں تو ان سب نے جھٹلا دیا، تو نہ اپنی
بلا پھیر سکو اور نہ مدد پا سکو۔ اور جو اندھیر مچائے گا تم لوگوں میں سے تو
چکھا دیں گے ہم اسے بڑے عذاب کا مزہ۔ O

۲۰.   اور نہیں بھیجا ہم نے تم سے پہلے رسولوں کو، مگر یہ کہ وہ کھانا
کھاتے ہیں اور بازاروں میں چلتے ہیں اور بنا دیا ہم نے تم سے ایک کو

دوسرے کے لئے امتحان۔ کیا صبر سے کام تم لوگ لوگے؟ اور تمہارا
پروردگار دیکھ رہا ہے۔ O

۲۱. اور بولے جو نہیں مانتے ہمارے ملنے کو کہ ''کیوں نہ اتارے گئے ہم پر فرشتے، یا خود دیکھ لیتے اپنے رب کو''۔ بیشک انہوں نے خوب ڈینگ ماری بڑائی کی اپنے جی میں، اور بڑی سرکشی پر آ گئے۔ O

۲۲. جس دن دیکھ لیں گے فرشتوں کو، تو اس دن کوئی خوشی نہ ہو گی مجرموں کو، اور چیخ پڑیں گے کہ ''کوئی آڑ ہو کہ بنی ہوئی''۔ O

۲۳. اور ہم بڑھے ان کاموں کی طرف جو وہ کر چکے، تو کر دیا ہم نے اسے اڑتا غبار۔ O

۲۴. جنت والے، اس دن ان کا ٹھکانہ سب سے بہتر، اور دوپہر کی سب سے اچھی خواب گاہ ہے۔ O

۲۵۔   اور جس دن کہ پھٹ جائیں گے آسمان بادلوں سے، اور اتارے گئے سارے فرشتے O

۲۶۔   سچی بادشاہی اس دن اللہ مہربان کی ہے۔ اور وہ کافروں پر دشوار دن ہے۔ O

۲۷۔   اور جس دن کہ اندھیرا والا خود اپنے ہاتھ چبائے گا، کہتا ہوا کہ "کاش میں نے لیا ہوتا رسول کے ساتھ راستے کو۔ O

۲۸۔   ہائے وائے۔ کاش نہ بناتا میں فلاں کو دوست۔ O

۲۹۔   بلاشبہ مجھ کو گمراہ کر دیا نصیحت سے، بعد اس کے کہ وہ میرے پاس آئی،" اور شیطان انسان کو بے یار و مددگار چھوڑ دینے والا ہے۔ O

۳۰۔   اور دعا کی رسول نے کہ "پروردگار! لوگوں نے بنا دیا اس قرآن کو چھوڑنے کی چیز۔" O

۳۱.	اور اسی طرح بنایا ہم نے ہر نبی کا دشمن، جرائم پیشہ لوگوں سے۔ اور تمہارا رب کافی ہدایت و نصرت کرنے والا ہے۔ O

۳۲.	اور بولے کافر کہ ''کیوں نہ بھیج دیا گیا ان پر قرآن یکبارگی۔'' ایسا یوں ہے، تاکہ ہم مضبوط بنائیں تمہارے دل کو، اور ہم نے اس کا پڑھنا ٹھہر ٹھہر کے کیا۔ O

۳۳.	اور نہ لائیں گے کفار تمہارے پاس کوئی بات، مگر یہ کہ ہم لے آئے تمہارے پاس حق، اور بہتر بیان۔ O

۳۴.	جو ہانکے جائیں گے اپنے اپنے منہ کے بل جہنم کی طرف، وہ لوگ ٹھکانے کے بہت برے، اور راہ سے سب سے زیادہ بے راہ ہیں۔ O

۳۵.	اور بیشک دی ہم نے موسیٰ کو کتاب، اور بنا دیا ان کے ساتھ ان کے بھائی ہارون کو وزیر۔ O

۳۶.	پھر حکم دیا ہم نے کہ ''دونوں چلے جاؤ ان لوگوں تک، جنہوں نے جھٹلا دیا ہے ہماری آیتوں کو۔'' بالآخر ڈھا دیا ہم نے انہیں بالکل۔ O

۳۷.	اور قوم نوح کو، جب کہ ان لوگوں نے جھٹلایا رسولوں کو، تو ڈبو دیا ہم نے انہیں، اور بنا دیا ہم نے انہیں لوگوں کے لئے نشانی، اور مہیا کر دیا ہم نے اندھیر والوں کے لئے دکھ والا عذاب۔ O

۳۸.	اور عاد و ثمود کو، اصحاب الرس کو، اور ان کے درمیان کے بہتیرے طبقوں کو۔ O

۳۹.	اور سبھی کو ہم نے اپنی کہاوتیں دیں۔ اور ہر ایک کو ہلاک کر دیا ہم نے تابڑ توڑ۔ O

۴۰۔   اور بیشک یہ لوگ ہو آئے ہیں اس بستی پر، کہ جہاں برا بادل برسا گیا ہے۔ تو کیا نہیں سوجھائی پڑتا تھا انہیں؟ بلکہ یہ خیال ہی نہیں کرتے تھے مرنے کے بعد اٹھنے کا۔ O

۴۱۔   اور جب انہوں نے تمہیں دیکھا، تو نہ قرار دیا تم کو مگر مذاق کہ کیا یہی ہیں جس کو بھیجا ہے اللہ نے رسول O

۴۲۔   یہ تو ہمیں بہکا دینے ہی کو تھے ہمارے معبودوں سے، اگر نہ جمے رہ جاتے ہم ان پر۔ ''اور جلد ہی جان لیں گے جب عذاب کو دیکھیں گے، کہ کون گم کردہ راہ ہے۔ O

۴۳۔   کیا تم نے دیکھا، جس نے بنا لیا ہے اپنا معبود اپنی خواہش کو، تو کیا تم ہو گے ان پر ذمہ دار نگراں؟ O

۴۴۔   یا تم خیال کرتے ہو، کہ بہتیرے سنتے یا سمجھتے ہیں۔ نہیں ہیں وہ مگر جیسے چوپائے، بلکہ یہ ان سے زیادہ گمراہ ہیں۔ O

۴۵۔ کیا نہیں دیکھا کرتے ہو اپنے پروردگار کو، کہ کیسا بڑھایا سایہ۔ اور اگر چاہتا تو کر دیتا اسے ٹھہرا ہوا۔ اور بنا دیا ہم نے سورج کو اس کی دلیل۔ O

۴۶۔ پھر سمیٹا ہم نے اپنی طرف ذرا ذرا۔ O

۴۷۔ اور وہی ہے جس نے کر دیا تمہارے لئے رات کو پردہ اور نیند کو راحت، اور کر دیا دن اٹھنے کو۔ O

۴۸۔ وہی ہے جس نے چلا دیا ہواؤں کو اپنی رحمت کے آگے آگے خوشخبری سناتے، اور اتارا ہم نے آسمان کی طرف سے پاک کرنے کو پانی۔ O

۴۹۔ تاکہ زندہ کر دیں ہم اس سے مردہ شہر کو، اور پانی پلائیں جو ہم نے پیدا فرما رکھا ہے بہت سے چوپایوں اور انسانوں کو۔ O

۵۰.	اور بیشک یہ بار بار ہم کرتے ہی رہے ان میں، کہ وہ غور
کریں۔ بہتیروں نے نہ کیا مگر ناشکری۔ O

۵۱.	اور اگر ہم چاہتے، ضرور بھیج دیتے ہر بستی میں ایک ڈرانے
والا۔ O

۵۲.	تو کہا نہ مانو کافروں کا، اور جہاد کرو ان سے اس قرآن سے،
بڑا جہاد۔ O

۵۳.	وہی ہے جس نے ملے جلے بہائے دو دریا، یہ میٹھا خوشگوار
اور یہ نمکین تلخ۔ اور کر دیا ان کے درمیان پردہ اور آڑ وک کی۔ O

۵۴.	اور وہی ہے جس نے پیدا فرمایا پانی سے بشر کو، پھر کر دیا
اسے نسل والا اور سسرال والا۔ اور تمہارا رب قدرت والا ہے۔ O

۵۵.	اور کافر لوگ پوجتے ہیں من دون اللہ کو، جو نہ ان کا بنا سکیں
اور نہ بگاڑ سکیں۔ اور کافر اپنے پروردگار کے خلاف مددگار رہے۔ O

۵۶.	اور نہیں بھیجا ہم نے تم کو، مگر خوشخبری سناتا اور ڈراتا۔ O

۵۷.	اعلان کر دو کہ "میں نہیں مانگتا تم سے اس پر کوئی مزدوری، مگر جو چاہے کہ بنا لے اپنے رب کی طرف راستہ"۔ O

۵۸.	اور بھروسہ کرو اس زندہ پر، جو مرے گا ہی نہیں۔ اور پاکی بولو اس کی حمد کے ساتھ۔ اور اپنے بندوں کے گناہوں پر وہ کافی خبردار ہے۔ O

۵۹.	جس نے پیدا فرمایا آسمانوں اور زمین کو، اور جو ان کے درمیان ہے، چھ دنوں میں۔ پھر توجہ کی عرش پر۔ اللہ مہربان، تو اس کی پوچھو کسی باخبر سے۔ O

۶۰.	اور جب حکم دیا گیا انہیں کہ "سجدہ کرو اللہ مہربان کا،" جواب دیا کہ "اللہ مہربان کون؟" کیا ہم سجدہ کریں جس کا تم ہمیں حکم دے دو؟ اور بڑھ گئی ان کی نفرت۔ O

۶۱.	بڑی برکت کا ہے جس نے بنایا آسمان میں برجوں کو، اور کر
دیا اس میں چراغ، اور چمکیلا چاند۔ O
۶۲.	وہی جس نے کر دیا رات اور دن کو ہر ایک دوسرے کے
پیچھے پیچھے اس کے لئے جو غور کرنا چاہے، یا شکر ادا کرتا ہو۔ O
۶۳.	اور اللہ رحمن کے بندے جو چلیں زمین پر دبے لمحے، اور جب
چھیڑا ان کو جاہلوں نے، تو بولے، ''سلام لو سلام''۔ O
۶۴.	اور جو رات گزاریں اپنے پروردگار کے لئے سجدہ کرتے قیام
کرتے۔ O
۶۵.	اور جو دعا کریں کہ ''پروردگار! پھیر دے ہم سے جہنم کا
عذاب'' کہ بلاشبہ اس کا عذاب ان چھٹ ہے۔ O
۶۶.	بیشک وہ برا ٹھکانہ اور جگہ ہے۔ O

٦٧.　اور جنہوں نے جب خرچ کیا، تو نہ فضول خرچی کی اور نہ کم خرچی کی، اور رہے درمیانی اعتدال میں۔ O

٦٨.　اور جو نہ دہائی دیں اللہ کے ساتھ کسی دوسرے معبود کی، اور نہ مار ڈالیں کسی ایسی جان کو کہ حرمت دی جس کی اللہ نے، مگر حق کے ساتھ، اور نہ بدکاری کریں۔ اور جو ایسا کرے گا وہ سزا بھگتے گا۔ O

٦٩.　بڑھایا جائے گا اس کا عذاب قیامت کے دن، اور ہمیشہ رہے گا اس میں ذلیل۔ O

٧٠.　مگر جس نے توبہ کی، اور ایمان قبول کر لیا، اور نیک کام کیے، تو وہ ہیں کہ بدل کر دے گا اللہ ان کے گناہ کو نیکیاں۔ اور اللہ غفور و رحیم ہے۔ O

٧١.　اور جس نے توبہ کی اور لیاقت کے کام کیے، تو بیشک اس نے اللہ کی توبہ کی، جیسی چاہیے۔ O

۷۲. اور جو نہ گواہی دیں جھوٹی، اور جب گزرے کسی بے کار شغل پر، تو گزر گئے عزت آبرو رکھے۔ O

۷۳. اور وہ کہ جب یاد دلائی گئیں، انہیں ان کے رب کی آیتیں، تو نہیں پھٹ پڑتے اس پر بہرے اندھے۔ O

۷۴. اور جو دعا کرتے رہیں کہ "پروردگار دے ہمیں ہماری بیبیوں سے، اور ہماری اولاد سے، آنکھوں کی ٹھنڈک، اور بنا دے ہمیں پرہیزگاروں کا پیشوا۔" O

۷۵. وہ ہیں کہ بدلہ دئیے جائیں گے خاص بالا خانہ جو صبر کرتے رہے، اور استقبال ان کا کیا جائے گا مجرے اور سلامی سے۔ O

۷۶. ہمیشہ رہنے والے اس میں۔ کتنا اچھا ٹھکانہ اور مقام ہے۔ O

۷۷. کہہ دو کہ ''کچھ پرواہ نہیں تمہاری میرے رب کو، اگر نہ تمہاری عبادت ہو۔ کہ بلاشبہ تم تو جھٹلا چکے ہو،'' تو جلد ہی عذاب گلے لگے گا۔ O

۲۶۔ سورۃ الشعراء

نام سے اللہ کے بڑا مہربان بخشنے والا O

۱. طٰس م O

۲. یہ آیتیں ہیں روشن کتاب کی۔ O

۳۔ کیا تم کہیں کھیل جاؤ گے اپنی جان پر، کہ یہ کافر لوگ نہیں مانتے؟ O

۴۔ اگر ہم چاہتے تو اتار دیتے ان پر آسمان سے کوئی نشانی، کہ ان کی اونچی اونچی گردن، جھکی رہ جاتی۔ O

۵۔ اور نہیں آتی ان کے پاس کوئی نئی نصیحت اللہ مہربان کی، مگر یہ اس سے منہ پھیر لیتے ہیں۔ O

۶۔ تو بلاشبہ انہوں نے جھٹلایا، تو اب آ ہی رہی ہیں ان کے پاس خبریں جو وہ مذاق اڑاتے رہے۔ O

۷۔ کیا انہیں نہیں سوجھائی زمین، کہ کتنے اگا دیئے ہم نے اس میں ہر قسم کے معزز جوڑے؟ O

۸۔ بیشک اس میں یقیناً نشانی ہے۔ اور ان کے بہتیرے ماننے والے نہیں ہیں۔ O

۹. اور بیشک تمہارا پروردگار ضرور عزت والا رحم والا ہے O

۱۰. اور جب پکارا تمہارے رب نے موسیٰ کو کہ اندھیر والے
لوگوں کے پاس جاؤ O

۱۱. فرعون کی قوم کیا وہ نہ ڈرا کریں گے؟ O

۱۲. عرض کیا کہ پروردگار میں ڈرتا ہوں کہ مجھ کو جھٹلا دیں۔ O

۱۳. اور میرے سینہ میں تنگی ہے اور نہیں چلتی میری زبان تو بھیج
دے حکم ہارون کو بھی O

۱۴. اور ان لوگوں کا مجھ پر ایک الزام ہے تو میں ڈرتا ہوں کہ مجھے
مار ڈالیں O

۱۵. حکم ہوا ہرگز نہیں تم دونوں جاؤ ہماری نشانیوں کے ساتھ،
بیشک ہم تمہارے ساتھ سب سننے والے ہیں۔ O

۱۶.　تو فرعون کے پاس دونوں جاؤ پھر کہہ دو کہ ہم رسول ہیں
سارے جہان کے لیے O

۱۷.　کہ چھوڑ دے ہمارے ساتھ بنی اسرائیل کو O

۱۸.　وہ بولا کہ "کیا نہیں پرورش کی ہم نے تمہاری بچپن میں، اور
تم رہے ہم میں اپنی عمر کے کئی سال۔ O

۱۹.　اور تم کر گزرے تھے وہ کام جو کر ہی گزرے، اور تم
ناشکرے ہو۔ O

۲۰.　جواب دیا کہ "میں نے وہ کیا تھا جب میں بیخبر تھا۔ O

۲۱.　اسی لیئے بھاگ گیا تھا میں تم لوگوں سے، کہ تم سے ڈر لگا تھا،
پھر دیا میرے رب نے مجھے حکم اور بنا دیا مجھے رسول۔ O

۲۲.　اور یہی تیرا احسان ہے جو مجھ پر جتاتا ہے، کہ غلام بنا لیا تھا تو
نے بنی اسرائیل کو۔ O

۲۳. بولا فرعون کہ ''سارے جہان کا رب کون؟ O

۲۴. جواب دیا کہ ''سارے آسمانوں اور زمین اور ان کے درمیان کا رب، اگر تم یقین کرو۔'' O

۲۵. وہ بولا انہیں جو گرد و پیش تھے ''کیا ان کی سنتے ہو؟'' O

۲۶. موسیٰ نے کہا ''تم لوگوں کا رب اور تمہارے اگلے باپ دادوں کا رب۔'' O

۲۷. وہ بولا کہ ''لوگو! تم لوگوں کا رسول جو بھیجا گیا ہے تم لوگوں کی طرف، ضرور پاگل ہے O

۲۸. موسیٰ نے کہا کہ پورب اور پچھم اور جو اس کے درمیان ہے سب کا رب۔ اگر عقل سے کام لو۔ O

۲۹. بولا، ''یقیناً اگر اختیار کیا تم نے کوئی معبود میرے سوا، تو بنا لوں گا تم کو قیدی'' O

۳۰. موسیٰ نے کہا کہ ''گویا ہوں میں تیرے پاس روشن چیز؟'' O

۳۱. وہ بولا کہ ''تو لاؤ اسے اگر سچے ہو O

۳۲. چنانچہ ڈال دیا اپنے عصا کو تو وہ فوراً کھلا ہوا اژدہا ہے۔ O

۳۳. اور نکالا اپنا ہاتھ، تو اسی وقت وہ چمکتا ہوا ہے سارے دیکھنے

والوں کے لئے۔ O

۳۴. وہ بولا اپنے گرد و پیش کے سرداروں کو کہ ''بلا شبہ یہ یقیناً

جادوگر ہے دانا۔ O

۳۵. چاہتا ہے کہ نکال دے تم کو تمہاری آراضی سے اپنے جادو

سے، تو تم لوگ کیا مشورہ دیتے ہو؟ O

۳۶. سب بولے کہ ''رہنے دو انہیں اور ان کے بھائی کو، اور بھیجو

سارے شہروں میں ہانک کر لانے والوں کو۔ O

۳۷.   کہ لے آئیں تمھارے پاس سارے ہوشیار بیڈھب جادوگرO

۳۸.   چنانچہ جمع کیئے گئے جادوگر ایک مقرر دن کے وعدہ پر۔ O

۳۹.   اور اعلان کیا گیا سب لوگوں کو کہ "کیا سب اکٹھا ہو جاؤ گے؟ O

۴۰.   کیونکہ شاہد ہم پیرو ہو جائیں ان جادوگروں کے، اگر یہ جیتے"۔ O

۴۱.   چنانچہ جب آ گئے جادوگر، بولے فرعون کو کہ "کیا ہمیں کوئی مزدوری ملے گی؟ اگر ہم جیت گئے O

۴۲.   بولا، "ہاں۔ اور بیشک تم اس وقت میرے مقرب بھی ہو جاؤ گے"۔ O

۴۳.   کہا انھیں موسیٰ نے کہ "ڈالو جو ڈالنا ہو"۔ O

۴۴۔ تو ڈالا انہوں نے اپنی رسیاں اور لاٹھیاں، اور بولے کہ "قسم ہے عزت فرعون کی، کہ ہم ضرور جیتیں گے"۔ O

۴۵۔ پھر ڈال دیا موسیٰ نے اپنے عصا کو، تو فوراً نگل جاتا ہے جو ان کی فرضی چیزیں تھیں۔ O

۴۶۔ تو الٹ دئیے گئے جادوگر سجدہ کرتے ہوئے۔ O

۴۷۔ بولے کہ "مان گئے ہم سارے جہان کے رب کو۔ O

۴۸۔ موسیٰ و ہارون کے رب کو"۔ O

۴۹۔ فرعون بولا، "تم لوگ اس کو مان گئے، قبل اس کے کہ میں تمہیں اجازت دوں، بیشک یہ تمہارا بڑا ہے جس نے تم کو سکھایا ہے جادو، تو یقیناً جلد تمہیں معلوم ہو جائے گا۔ میں ضرور کاٹوں گا تمہارے ہاتھوں اور دوسری طرف کے پاؤں کو، اور ضرور پھانسی دے دوں گا تم سب کو"۔ O

۵۰. وہ بولے، ''کچھ حرج نہیں، بیشک ہم اپنے رب ہی کی طرف پلٹ کر جانے والے ہیں''۔ O

۵۱. بلا شبہ ہماری لالچ ہے کہ بخش دے ہمیں ہمارا پروردگار ہماری خطائیں، کہ ہم نے سب سے پہلے مانا''۔ O

۵۲. اور وحی بھیجی ہم نے موسیٰ کی طرف کہ ''رات ہی رات چل دو میرے بندوں کو لے کر، کہ تمہارا پیچھا کیا جائے گا''۔ O

۵۳. تو بھیج دیا فرعون نے سارے شہروں میں اعلان کرنے والوں کو۔ O

۵۴. کہ ''یہ لوگ معمولی اقلیت ہیں۔ O

۵۵. اور بلا شبہ ہم سب ان سے جلتے ہیں۔ O

۵۶. اور بیشک ہم سب تیاری کو ہوشیار ہیں''۔ O

۵۷. چنانچہ نکال دیا ہم نے انہیں باغوں اور چشموں۔ O

۵۸. اور خزانوں اور اچھے اچھے گھر سے O

۵۹. یہی ہوا، اور ان کی جگہ وارث کر دیا ہم نے بنی اسرائیل
کو۔ O

۶۰. ہاں، تو فرعون والوں نے پیچھا کیا ان کا دن نکلتے۔ O

۶۱. چنانچہ جب نظر آنے لگیں دونوں طرف کی جماعتیں، بولے
موسیٰ کے ساتھی کہ ''ہم ضرور دھر لئے گئے''۔ O

۶۲. جواب دیا، ''ہرگز نہیں، بلاشبہ میرے ساتھ میرا رب ہے،
ابھی وہ مجھے راہ دے گا''۔ O

۶۳. تو وحی بھیجی ہم نے موسیٰ کی طرف کہ ''مارو اپنے عصا کو دریا
کو''۔ تو وہ پھٹ گیا، اور ہو گئے دونوں سمت، جیسے بڑا پہاڑ۔ O

۶۴. اور قریب کر دیا ہم نے وہاں دوسری جماعت کو۔ O

۶۵. اور بچا لیا ہم نے موسیٰ اور ان کے سب ساتھیوں کو۔ O

٦٦. پھر ڈبو دیا ہم نے دوسری جماعت والوں کو۔ O

٦٧. بیشک اس میں یقیناً نشانی ہے، اور ان کے بہتیرے ماننے
والے نہ تھے۔ O

٦٨. اور بیشک تمہارا پروردگار ضرور عزت والا رحم والا ہے۔ O

٦٩. اور پڑھ سناؤ انہیں ابراہیم کی خبر O

٧٠. جب کہ وہ بولے اپنے بابا اور اس کی قوم کو کہ 'کس کو پوجتے
ہو؟ O

٧١. سب بولے کہ ''ہم بتوں کو پوجتے ہیں، چنانچہ ان کے لئے
آسن جمائے رہتے ہیں۔'' O

٧٢. کہا کہ 'کیا وہ تمہاری سنتے ہیں جب مانگتے ہو؟ O

٧٣. یا بناتے ہیں تمہارا، یا بگاڑتے ہیں؟ O

۷۴۔ سب بولے، ''بلکہ پایا ہم نے اپنے باپ دادوں کو، کہ یہی کرتے رہے O

۷۵۔ کہا کہ ''کیا تم کو بھی سوجھا، کہ کیا پوجتے رہے۔ O

۷۶۔ تم اور تمہارے اگلے باپ دادا؟''۔ O

۷۷۔ بلا شبہ میرے تو یہ سب دشمن ہیں، سوا رب العالمین کے۔ O

۷۸۔ جس نے مجھ کو پیدا فرمایا، پھر وہی راہ دے مجھے۔ O

۷۹۔ وہی ہے جو کھلاتا ہے مجھے، اور پلاتا ہے مجھے۔ O

۸۰۔ اور جب میں بیمار پڑا، تو وہ مجھے شفا دے۔ O

۸۱۔ اور جو مارے مجھے، پھر جلا دے مجھے۔ O

۸۲۔ اور جس سے میں آرزو رکھتا ہوں کہ ''بخش دے میری کمزوریوں کو قیامت کے دن O

۸۳۔ پروردگار! بخشے رکھ مجھ کو حکم، اور ملائے رکھ مجھ کو لیاقت والوں میں o

۸۴۔ اور کر دے میری تعریف میں سچی بول پچھلوں میں o

۸۵۔ اور بنائے رکھ مجھ کو آرام والی جنت کے وارثوں سے۔ o

۸۶۔ اور بخش دے میرے بابا کو، کہ وہ بلا شبہ گمراہوں سے تھا۔ o

۸۷۔ اور مت رسوا کرنا مجھے جس دن لوگ اٹھائے جائیں گے۔ o

۸۸۔ جس دن نہ کام آئے مال اور نہ اولاد۔ o

۸۹۔ مگر جو آیا اللہ کے یہاں صحیح سلامت دل کے ساتھ o

۹۰۔ اور قریب کر دی گئی جنت ڈرنے والوں کے واسطے۔ o

۹۱۔ اور ظاہر کر دیا گیا جہنم بے راہوں کے لئے o

۹۲.	اور فرمان صادر کیا گیا انہیں کہ "کہاں ہیں جن کو معبود مانتے

تھے تم۔ O

۹۳.	اللہ سے الگ ہو کر؟ کیا وہ تمہاری مدد کریں گے یا بدلہ لیں

گے؟"۔ O

۹۴.	تو منہ کے بل جھونک دیئے گئے وہ سب جہنم میں، اور

سارے بے راہ لوگ۔ O

۹۵.	اور ابلیس کا شکر سارا۔ O

۹۶.	بولے، اور وہ اسی میں لڑ جھگڑ رہے ہیں۔ O

۹۷.	کہ "خدا کی قسم ہم یقیناً کھلی گمراہی میں تھے۔ O

۹۸.	کہ ہم تمہاری برابری کرتے تھے رب العالمین سے۔ O

۹۹.	اور نہیں بے راہ کیا تھا ہمیں مگر مجرموں نے۔ O

۱۰۰.	تو نہیں ہے ہمارا کوئی سفارشی۔ O

۱۰۱۔ اور نہ غم خوار و دوست۔ O

۱۰۲۔ تو کاش ہمیں دوبارہ جانا ہو، تو ہو جائیں ہم مسلمان۔ O

۱۰۳۔ بیشک اس میں ضرور پریشانی ہے۔ اور نہ تھے ان کے بہت یرے ماننے والے۔ O

۱۰۴۔ اور بلاشبہ تمہارا پروردگار ہی عزت والا رحم والا ہے۔ O

۱۰۵۔ جھٹلا دیا قوم نوح نے سب رسولوں کو۔ O

۱۰۶۔ جبکہ کہا انہیں ان کی قوم کے نوح نے کہ کیا تم نہیں ڈرتے؟ O

۱۰۷۔ بلاشبہ میں تمہارے لیے رسول ہوں امانت دار۔ O

۱۰۸۔ تو ڈرو اللہ کو اور حکم مانو میرا O

۱۰۹۔ اور میں نہیں مانگتا تم سے اس پر کوئی اجرت، نہیں ہے میری اجرت مگر رب العالمین پر۔ O

۱۱۰۔ تو ڈرو اللہ کو اور میرا کہا مانو۔ O

۱۱۱۔ سب بولے کہ ”کیا ہم تمہیں مانیں؟ حالانکہ پیروی کی تمہاری اچھوتوں نے“۔ O

۱۱۲۔ جواب دیا کہ ”مجھے کیا بحث، کہ وہ کیا کرتے رہتے تھے۔ O

۱۱۳۔ ان کا حساب نہیں، مگر میرے پروردگار پر، کاش تمیز سے کام لو۔ O

۱۱۴۔ اور نہیں ہوں میں نکال دینے والا مسلمانوں کو۔ O

۱۱۵۔ میں کھلا کھلا ڈر سنانے والا ہی ہوں O

۱۱۶۔ سب بولے ”اگر تم باز نہ آئے اے نوح! تو ضرور پتھراؤ کیے جاؤ گے O

۱۱۷۔ دعا کی کہ ”پروردگار! بیشک میری قوم نے جھٹلا دیا مجھے۔ O

۱۱۸۔ تو فیصلہ فرما دے میرے اور ان کے درمیان پورا پورا، اور بچا لے مجھے، اور جو میرے ساتھ ہیں مسلمان O

۱۱۹۔ تو بچا لیا ہم نے انہیں، اور جو اس کے ساتھ تھے بھری ہوئی کشتی میں۔ O

۱۲۰۔ پھر ڈبو دیا ہم نے اس کے بعد باقی لوگوں کو۔ O

۱۲۱۔ بیشک اس میں ضرور نشانی ہے۔ اور نہ تھے ان کے بہتیرے ماننے والے۔ O

۱۲۲۔ اور بیشک تمہارا پروردگار ہی عزت والا رحم والا ہے۔ O

۱۲۳۔ جھٹلا دیا عاد نے سب ہی رسولوں کو۔ O

۱۲۴۔ جب کہ کہا انہیں ان کی قوم کے ہود نے کہ "کیا تم لوگ نہ ڈرو گے؟ O

۱۲۵۔ بلا شبہ میں تمہارے لئے رسول ہوں امانت دار۔ O

۱۲۶۔   تو ڈرو اللہ کو اور میرا کہا مانو۔ O

۱۲۷۔   اور میں نہیں چاہتا تم سے اس پر کوئی اجرت۔ نہیں ہے میری اجرت مگر رب العالمین پر۔ O

۱۲۸۔   کیا تم رکھتے ہو ہر ٹیلے پر ایک بنیا دی نشانی، کہ بیہودگی بر تو۔ O

۱۲۹۔   اور بناتے ہو مضبوط مضبوط گھر کہ تم اس میں ہمیشہ ہی رہو گے۔ O

۱۳۰۔   اور جب کسی کو پکڑا تم نے بے دردوں کی طرح پکڑا۔ O

۱۳۱۔   تو ڈرو اللہ کو اور کہا مانو میرا۔ O

۱۳۲۔   اور ڈرو اسے جس نے مدد فرمائی تمہاری اس سے، جو تم جانتے ہو۔ O

۱۳۳۔   مدد فرمائی تمہاری چوپایوں سے اور اولاد سے۔ O

١٣٤.   اور باغوں اور چشموں سے۔ O

١٣٥.   بیشک میں ڈر رہا ہوں تم پر بڑے دن کے عذاب کو O

١٣٦.   سب بولے، ''یکساں سے ہمارے لئے نصیحت تم نے کی یا نہ کی۔ O

١٣٧.   نہیں ہے یہ، مگر اگلوں کی چال، O

١٣٨.   اور ہمیں عذاب نہ دیا جائے گا''۔ O

١٣٩.   تو ان لوگوں نے جھٹلا دیا انہیں، چنانچہ برباد کر دیا ہم نے انہیں۔ بیشک اس میں ضرور نشانی ہے، اور ان کے بہتیرے ماننے والے نہ تھے۔ O

١٤٠.   اور بیشک تمہارا پروردگار ضرور غلبہ والا رحم والا ہے۔ O

١٤١.   جھٹلا دیا ثمود نے سب رسولوں کو۔ O

۱۴۲. جب کہ کہا انہیں ان کی قوم کے صالح نے کہ کیا تم نہیں ڈرو گے؟ O

۱۴۳. بیشک میں تمہارے لئے رسول امانت دار ہوں۔ O

۱۴۴. تو ڈرو اللہ کو اور کہا مانو میرا۔ O

۱۴۵. اور نہیں مانگتا میں تم سے اس پر کوئی اجرت۔ نہیں ہے اجرت میری، مگر رب العالمین پر۔ O

۱۴۶. کیا چھوڑ دئیے جاؤ گے تم؟ کچھ یہاں ہے امن و امان میں۔ O

۱۴۷. باغوں میں اور چشموں میں۔ O

۱۴۸. اور کھیتوں میں اور کھجوروں میں، جن کے خوشے نرم نازک پختہ ہیں۔ O

۱۴۹. اور تراشی لیتے ہو پہاڑوں سے گھروں کو اتراتے ہوئے۔ O

۱۵۰. تو ڈرو اللہ کو اور کہا مانو میرا۔ O

۱۵۱۔ اور نہ فضول خرچوں کا حکم O

۱۵۲۔ جو فساد مچائیں زمین میں، اور درست نہ کریں ''۔ O

۱۵۳۔ سب بولے کہ ''تم بس جادو کئے ہوئے ہو۔ O

۱۵۴۔ تم ہماری طرح بشر ہو۔ لاؤ تو کوئی نشانی اگر سچے ہو''۔ O

۱۵۵۔ جواب دیا کہ ''یہ اونٹنی ہے، ایک دن اس کا پینا ہے اور ایک مقرر دن تمہارے پینے کا ہے۔ O

۱۵۶۔ اور مت چھونا اس کو برائی سے، کہ پکڑے تمہیں بڑے دن کا عذاب۔ O

۱۵۷۔ چنانچہ کونچیں کاٹ دیں اس کی، تو صبح کی انہوں نے پچھتاتے۔ O

۱۵۸۔ کہ پکڑ لیا انہیں عذاب نے۔ بیشک اس میں ضرور نشانی ہے۔ اور ان کے بہتیرے مسلمان نہ تھے۔ O

۱۵۹۔ اور بیشک تمہارا پروردگار ضرور وہی عزت والا رحم والا ہے۔ O

۱۶۰۔ جھٹلا دیا لوط کی قوم نے سب رسولوں کو۔ O

۱۶۱۔ جبکہ کہا انہیں ان کی قوم کے لوط نے کہ کیا خوف سے کام نہ لوگے؟ O

۱۶۲۔ بیشک میں تمہارے لئے اللہ کا بھیجا ہوا امانت دار ہوں۔ O

۱۶۳۔ تو ڈرو اللہ کو اور کہا مانو میرا۔ O

۱۶۴۔ اور میں نہیں چاہتا تم سے اس پر کوئی اجرت۔ میری اجرت بس رب العالمین پر ہے۔ O

۱۶۵۔ کیا بدکاری کرتے ہوئے مردوں سے سارے جہان میں۔ O

۱۶۶۔ اور چھوڑ بیٹھے ہو وہ جو پیدا فرمایا تمہارے لئے، تمہارے پروردگار نے تمہاری بیبیاں، بلکہ تم لوگ حد سے بڑھ گئے ہو O

۱۶۷۔ سب بولے کہ ''اگر تم باز نہ آئے اے لوط، تو ضرور نکال دئیے جاؤ گے''۔ O

۱۶۸۔ جواب دیا کہ ''بیشک میں تمہارے کرتوت سے بیزار ہوں۔ O

۱۶۹۔ پروردگار! بچائے رکھ مجھ کو اور میرے اہل کو ان کے کرتوتوں سے O

۱۷۰۔ تو بچا لیا ہم نے انہیں اور ان کے سب یگانوں کو۔ O

۱۷۱۔ مگر ایک بوڑھی عورت بچھڑ جانے والوں سے۔ O

۱۷۲۔ پھر برباد کر دیا ہم نے اوروں کو۔ O

۱۷۳۔ اور برسایا ہم نے ان پر ایک برساؤ، تو کیسی بری ہوئی ڈرائے جانے والوں کی بارش۔ O

۱۷۴۔ بیشک اس میں ضرور نشانی ہے۔ اور نہ تھے ان کے بہتیرے ماننے والے۔ O

۱۷۵۔ اور بیشک تمہارا پروردگار ضرور وہی عزت والا رحم والا ہے۔ O

۱۷۶۔ جھٹلایا جھاڑی والوں نے سارے رسولوں کو۔ O

۱۷۷۔ جب کہ کہا ان سے شعیب نے کہ کیا ڈروگے نہیں؟ O

۱۷۸۔ بیشک میں تمہارے لئے امانت والا رسول ہوں۔ O

۱۷۹۔ تو ڈرا کرو اللہ کو اور کہا مانا کرو میرا۔ O

۱۸۰۔ اور میں نہیں چاہتا تم سے اس پر کوئی بدلہ۔ میرا ثواب بس رب العالمین پر ہے۔ O

۱۸۱۔ پوری ناپ ناپو، اور کم ناپنے والوں سے مت بنو۔ O

۱۸۲۔ اور تولا کرو سیدھی ڈنڈی۔ O

۱۸۳۔ اور نہ کمی کرو لوگوں کی چیزوں میں، اور نہ پھرو زمین میں فساد مچاتے۔ O

۱۸۴۔ اور ڈرو اسے جس نے تمہیں پیدا کیا، اور اگلے لوگوں کو O

۱۸۵۔ سب بولے، ''تم بس جادو مارے ہو۔ O

۱۸۶۔ اور تم ہماری ہی طرح بشر ہو، اور ہم سمجھتے ہیں تمہیں جھوٹا۔ O

۱۸۷۔ گرا تو دو ہم پر ٹکڑا آسمان کا، اگر سچے ہو''۔ O

۱۸۸۔ جواب دیا، کہ ''میرا پروردگار خوب جانتا ہے جو تمہارے کرتوت ہیں''۔ O

۱۸۹۔ تو جھٹلا دیا سب نے انہیں، تو پکڑ لیا انہیں شامیانہ والے دن کے عذاب نے۔ بیشک وہ بڑے دن کا عذاب تھا۔ O

۱۹۰۔ بیشک اس میں ضرور نشانی ہے، اور ان کے بہتیرے ایمان والے نہ تھے۔ O

۱۹۱۔ اور بیشک تمہارا پروردگار ہی عزت والا رحم والا ہے۔ O

۱۹۲۔ اور بیشک یہ ضرور رب العالمین کا اتارا ہوا ہے۔ O

۱۹۳۔ اس کو لے کر اترے روح الامین۔ O

۱۹۴۔ تمہارے دل پر، کہ ڈر سنانے لگو تم۔ O

۱۹۵۔ صاف عربی زبان میں۔ O

۱۹۶۔ اور بیشک اس کا بیان اگلی کتابوں میں ہے۔ O

۱۹۷۔ کیا نہیں ہے ان کے لئے کوئی نشانی؟ کہ جانتے ہیں انہیں بنی اسرائیل کے علماء۔ O

۱۹۸۔ اور اگر ہم اتارتے اس کو کسی غیر عربی پر۔ O

۱۹۹۔ پھر وہ پڑھتا اسے ان پر، یہ لوگ نہ مانتے۔ O

۲۰۰۔ اسی طرح پرو دیا ہے ہم نے جھٹلانے کو مجرموں کے دلوں میں۔ O

۲۰۱۔ وہ نہ مانیں گے اسے، یہاں تک کہ دیکھ لیں دکھ والا عذاب۔ O

۲۰۲۔ تو وہ آ ہی جائے گا ان پر اچانک، اور وہ بےخبر ہوں گے۔ O

۲۰۳۔ تو چلائیں گے کہ "کیا ہمیں مہلت ملے گی؟" O

۲۰۴۔ تو کیا ہمارے عذاب کی جلدی مچا رہے ہیں؟ O

۲۰۵۔ تمہیں دیکھو! کہ اگر مہلت دی ہم نے انہیں چند سال کی۔ O

۲۰۶۔ پھر آ گیا ان کے پاس جس سے ڈرائے گئے ہیں۔ O

۲۰۷۔ تو کیا کام دے گا انہیں جو رہنے سہنے دیئے گئے۔ O

۲۰۸۔ اور انہیں برباد فرمایا ہم نے کسی آبادی کو، مگر اس کے لئے ڈرانے والے ہوئے۔ O

۲۰۹. یاد دہانی کو۔۔ اور ہم انہیں اندھیرے والے۔ O

۲۱۰. اور نہیں اتار لائے اس کو شیطان، O

۲۱۱. اور نہ وہ اس لائق ہیں، اور نہ وہ ایسا کر سکیں۔ O

۲۱۲. بلاشبہ وہ سننے سے ہٹا دیئے گئے ہیں O

۲۱۳. تو نہ دہائی دو اللہ کے ساتھ کسی دوسرے معبود کی، کہ عذاب دیے جاؤ۔ O

۲۱۴. اور ڈر سناؤ اپنے قریبی رشتہ داروں کو۔ O

۲۱۵. اور جھکا دو اپنے بازو کو ان کے لئے، جو تمہارے پیچھے پیچھے چلیں مسلمان۔ O

۲۱۶. اب اگر تمہاری نافرمانی انہوں نے کی تو کہہ دو کہ "بلاشبہ بیزار ہوں تمہارے کرتوت سے" O

۲۱۷. اور بھروسہ رکھو عزت والے رحم والے پر۔ O

۲۱۸۔ جو نگرانی فرماتا ہے تمہاری جب کھڑے ہوتے ہو۔ ⃝

۲۱۹۔ اور تمہاری الٹ پھیر کو نمازیوں میں۔ ⃝

۲۲۰۔ بیشک وہی سننے والا علم والا ہے۔ ⃝

۲۲۱۔ کیا میں تمہیں بتا دوں کہ "کس پر اترتے ہیں شیطان؟ ⃝

۲۲۲۔ اترتے ہیں ہر افتراء پرداز گنہگار پر۔ ⃝

۲۲۳۔ سنی سنائی کہہ ڈالتے ہیں، اور ان میں زیادہ تر جھوٹے ہیں۔ ⃝"

۲۲۴۔ اور شاعر لوگوں کی پیروی گمراہ لوگ کرتے ہیں۔ ⃝

۲۲۵۔ کیا تم نے نہ دیکھا کہ وہ ہر میدان میں بہکا کرتے ہیں۔ ⃝

۲۲۶۔ اور بیشک وہ کہتے ہیں، جو خود نہیں کرتے۔ ⃝

۲۲۷. مگر جو ایمان لائے اور لیاقت مندی کے کام کیئے، اور تذکرہ کیا اللہ کا بہت، اور بدلہ لیا بعد اس کے کہ ستائے گئے۔ اور جلد ہی جان لیں گے جنہوں نے ستایا ہے، کہ کس کروٹ پلٹا کھاتے ہیں۔ O

۲۷۔ سورۃ النمل

نام سے اللہ کے بڑا مہربان بخشنے والا O

۱. طٰسٓ۔۔ یہ ہیں آیتیں قرآن کی، اور روشن کتاب کی۔ O

۲. ہدایت اور خوشخبری مان جانے والوں کے لئے۔ O

۳. جو پابندی کریں نماز کی، اور دیں زکوٰۃ، اور وہ آخرت پر یقین رکھیں۔ O

۴. بیشک جو نہ مانیں آخرت کو، تو اچھا لگنے دیا ہم نے ان کی نگاہوں میں ان کے کرتوتوں کو، تو وہ مدہوش ہیں۔ O

۵۔ وہی ہیں جن کے لئے برا عذاب ہے، اور وہی ہیں آخرت میں گھاٹے والے۔ O

۶۔ اور بیشک تم سکھائے جاتے ہو قرآن کو، حکمت والے علم والے کی طرف سے۔ O

۷۔ جب کہا تھا موسیٰ نے اپنی اہلیہ کی خاطر کہ "مجھے دیکھ پڑی ہے آگ۔ بہت جلد تمہارے پاس اس کی خبر لاتا ہوں، یا لے آؤں گا، تمہارے لئے چمکتی چنگاری، کہ تم تاپ لو"۔ O

۸۔ چنانچہ جب آئے اس آگ کے پاس، تو پکارا گیا کہ "مبارک ہیں، جو اس روشنی میں ہیں، اور جو اس کے گرد ا گرد ہیں، اور پاکی ہے اللہ کی، سارے جہان کا پالنے والا O

۹۔ اے موسیٰ، بیشک واقعہ یہی ہے کہ میں ہی اللہ ہوں، عزت والا حکمت والا، O

۱۰.   اور ڈال دو اپنا عصا۔ ''پھر جب دیکھا اسے کہ رینگتا ہے، گویا کہ وہ سانپ ہے، تو ہٹ گئے منہ پھیر کر اور مڑ کر نہ دیکھا۔ ''اے موسٰی ڈرو نہیں۔۔ بیشک میں ہوں کہ نہیں ڈرتے میرے ہوتے، رسول لوگ''۔ O

۱۱.   مگر جس نے ظلم کیا، پھر اگر نیکی کا بدلہ دیا برائی کے بعد، تو بیشک میں بخشنے والا رحم فرمانے والا ہوں۔ O

۱۲.   اور ڈالو اپنا ہاتھ اپنے گریبان میں، نکلے گا سفید روشن، بغیر کسی عیب کے۔۔ یہ نو معجزات میں سے ہے فرعون اور اس کی قوم کی طرف۔۔ کہ بلاشبہ وہ نافرمان لوگ تھے''۔ O

۱۳.   پھر جب آ گئیں ہماری نشانیاں ان کے پاس آنکھیں کھول دینے والی، تو سب بولے کہ ''یہ کھلا جادو ہے O

۱۴۔   اور ان کا انکار کر دیا، اور یقین رکھتے تھے کہ ان کے دل ظلم و غرور سے۔ تو دیکھ لو کہ کیسا انجام ہوا فسادیوں کا۔ O

۱۵۔   اور بیشک ہم نے دیا تھا داؤد سلیمان کو علم۔ اور دونوں نے خطبہ دیا کہ ''ساری حمد اللہ کی، جس نے بڑائی دی ہمیں، بہتیرے اپنے ماننے والے بندوں پر''۔ O

۱۶۔   اور گدی پائی سلیمان ہی نے داؤد کی، اور شاہی خطبہ دیا کہ ''اے لوگو! ہم سکھلائے گئے ہیں پرندکی بولی، اور ہمیں ہر چیز سے کچھ عطا فرما دیا گیا ہے۔ بیشک یہ کھلا ہوا فضل ہے''۔ O

۱۷۔   اور اکٹھا کئے گئے سلیمان کی خاطر ان کے لشکر، جن اور انسان و پرند، تو روکے جاتے تھے بڑھ جانے سے۔ O

۱۸.	یہاں تک کہ آئے چیونٹی کی وادی پر۔ بولی ایک چیونٹی کہ ''اے چیونٹیو! گھس جاؤ اپنے سوراخ میں، کہ کچل نہ ڈالیں تمہیں سلیمان اوران کا سارالشکر، انجانی میں''۔ O

۱۹.	تو مسکرادئیے سلمان ہنستے ہوئے اس کی بات سے اور دعا کی کہ پروردگار مجھے توفیق دے کہ شکر ادا کرتا رہوں تیری نعمت کا، جو انعام فرمایا تونے مجھ پر اور میرے ماں باپ، اور یہ کہ کرتا رہوں لیاقت کے کام کہ تو راضی رہے اس سے، اور داخل رکھ مجھ کو اپنی رحمت سے اپنے اہلیت رکھنے والے بندوں میں۔ O

۲۰.	اور دیکھ بھال کی پرندوں کی تو بلے کہ کیا بات ہے کہ میں نہیں دیکھ رہا ہوں ہدہد کو، یا وہی غیر حاضر ہے؟ O

۲۱.	ضرور اسے سخت سزا دوں گا، یا ذبح کر ڈالوں گا، یا وہ لے آئے میرے سامنے کوئی روشن وجہ۔ O

۲۲۔ چنانچہ آ گیا وہ ذرا دیر میں پھر عرض کی کہ "میں نے دیکھ لیا جس کو آپ نے نہیں دیکھا ، اور میں لایا ہوں شہر سبا سے یقینی اطلاع ۔ O

۲۳۔ میں نے پایا ایک عورت کو جو ان پر بادشاہی کرتی ہے ، اور دی گئی ہے ہر چیز سے کچھ نہ کچھ ، اور اس کا تخت بڑا ہے ۔ O

۲۴۔ اور میں نے اسے پایا اور اس کی قوم کو سجدہ کرتے ہیں سورج کا بمقابلہ اللہ کے ، اور بھلا لگا دیا ان کی نگاہوں میں شیطان نے ان کے کرتوتوں کو ، تو روک دیا انہیں راہ سے ، تو وہ راہ نہیں پاتے ۔" O

۲۵۔ کیوں نہیں سجدہ کرتے اللہ کا؟ جو نکالے چھپی چیزوں کو آسمانوں اور زمین میں ، اور جانے جو تم چھپاؤ اور جو ظاہر کرو ۔ O

۲۶۔ اللہ ، نہیں ہے کوئی معبود ، مگر وہی عرش عظیم کا رب ہے ۔ O

۲۷.	فیصلہ کیا کہ ''بہت جلد ہم دیکھ لیتے ہیں تو سچ بولا، یا جھوٹا ہے۔ O

۲۸.	میرا یہ فرمان لے کر جا اور ان کی طرف ڈال دیئے، پھر ان سے ہٹ کر دیکھ، کہ کیا جواب میں کرتے ہیں۔'' O

۲۹.	ملکہ سبا بولی کہ ''اے دربار کے سردارو! میرے پاس ایک معزز تحریر ڈالی گئی ہے۔ O

۳۰.	اور یہ سلیمان کی طرف سے ہے، اور اس کا مضمون ہے کہ ''بسم اللہ الرحمن الرحیم۔ O

۳۱.	یہ کہ مجھ پر نہ بڑھو، اور میرے پاس حاضر ہو نیاز مند ہو کر''۔ O

۳۲۔ بولی اے چودھریو! "بتاؤ مجھے میرے اس معاملہ میں، میں نے کسی معاملہ کا قطعی فیصلہ نہیں کیا، یہاں تک کہ تم لوگ حاضر ہو"۔ O

۳۳۔ سب بولے کہ "ہم زور والے اور سخت جنگجو ہیں۔۔۔ اور فیصلہ تمہارے سپرد ہے، تو تمہیں اختیار ہے جو حکم دے دو"۔ O

۳۴۔ بولی کہ "بادشاہ لوگ جب داخل ہوئے کسی آبادی میں تو الٹ پلٹ دیا اسے، اور کر ڈالا آبادی کے عزت والوں کو ذلیل، اور یہی کرتے رہتے ہیں"۔ O

۳۵۔ اور میں تو بھیج رہی ہوں ان کی طرف ایک تحفہ، پھر دیکھتی ہوں کہ کیا جواب لاتے ہیں قاصد"۔ O

۳۶۔ چنانچہ جب آیا قاصد سلیمان تک انہوں نے کہا کہ "کیا میری مدد کرتے ہو مال سے؟ تو جو دے رکھا ہے مجھے اللہ نے، وہ بہتر ہے

اس سے جو تم کو دے دیا ہے، بلکہ تم لوگ تو اپنے اس تحفہ پر اتراتے ہو۔ O

۳۷. واپس لے جاؤ ان کی طرف، اب ہم لائیں گے ان کے پاس ایسے لشکر کہ مقابلہ نہ کر سکیں وہ جن کا، اور ہم ضرور نکال دیں گے انہیں آبادی سے ذلیل کر کے، کہ وہ دبے لچے ہیں''۔ O

۳۸. حکم دیا کہ ''اے میرے درباریو! تم میں کون ہے جو لے آئے اس کا تخت، قبل اس کے کہ وہ گردن ڈالے آئیں'' O

۳۹. بولا کہ ایک ہیکڑ جن کہ ''میں اسے لے آؤں گا، قبل اس کے کہ آپ اس دربار سے اٹھیں۔ اور بلا شبہ میں اس پر قابو رکھنے والا امانتدار ہوں۔ O

۴۰. بولے وہ، جن کے پاس نوشتہ کا علم تھا کہ ''میں لاؤں گا تمہارے پاس اسے قبل اس کے کہ جھپکے آپ کی نگاہ،'' تو جب دیکھا اسے کہ رکھا ہے سامنے، بولے کہ ''یہ میرے پروردگار کا فضل

ہے۔۔ کہ مجھے جانچے کہ شکر گزار رہتا ہوں یا نا شکری کرنے لگتا ہوں اور جو شکر گزار رہا، وہ شکر کرتا ہے اپنے نفع کو۔ اور جس نے نا شکری کی، تو بلاشبہ میرا رب بے پرواہ کرم والا ہے''۔ O

۴۱. حکم دیا کہ ''اس کی دیکھی صورت بدل دو، اس کے تخت کی، دیکھیں کہ پہنچاتی ہے یا انجان رہتی ہے۔'' O

۴۲. چنانچہ جب وہ آئی، پوچھا گیا کہ ''کیا ایسا ہی تیرا تخت ہے؟'' بولی، ''گویا یہ وہی ہے۔ اور ہمیں آپ کا علم پہلے ہی ہو چکا، اور ہم نیاز مند ہو چکے''۔ O

۴۳. اور روک رکھا تھا اس کو جسے پوجا کرتی تھی اللہ کے مقابلہ میں۔ بیشک وہ کافر قوم سے تھی۔ O

۴۴. اسے کہا گیا، کہ ''صحن میں آؤ''، تو جب اس نے وہ صحن دیکھا، تو خیال کیا اسے گہرا پانی، اور کپڑا اٹھایا اپنی دونوں پنڈلیوں سے۔ سلیمان بولے کہ ''یہ صحن ہے شیشہ جڑا ہوا''۔۔ وہ بولی

"پروردگار! میں نے اندھیر کر رکھا تھا اپنے حق میں، اور میں نے گردن جھکا دی، سلیمان کے ساتھ رب العالمین کے لئے۔ O

۴۵۔   اور بیشک بھیجا ہم نے ثمود کی طرف ان کی برادری کے صالح کو کہ "لوگو خدا کو پوجو،" تو اس وقت وہ دو فرقے ہو گئے جھگڑا کرتے۔ O

۴۶۔   انہوں نے کہا کہ "اے میری قوم، کیوں جلدی مچاتے ہو برائی کی بھلائی سے پہلے، کیوں نہیں مغفرت مانگتے اللہ سے، کہ تم رحم کئے جاؤ؟" O

۴۷۔   سب بولے کہ "ہم نے برا شگون لیا ہے تم سے، اور ان سے جو تمہارے ساتھ ہیں،" جواب دیا کہ "تمہاری بدشگونی اللہ کے قبضہ میں ہے، بلکہ تم لوگ فتنے میں گرفتار کئے گئے ہو"۔ O

۴۸۔ اور تھے شہر میں نو شخص کہ فساد مچاتے زمین میں اور درستگی نہ چاہتے۔ O

۴۹۔ انہوں نے اللہ کی قسم کھائی، بولے کہ "ہم ضرور شب خون ماریں گے ان پر، اور ان کے اپنوں پر، پھر کہہ دیں گے ان کے حقدار سے، کہ ہم حاضر نہ تھے ان کی ہلاکت کے وقت اور ہم بالکل سچے ہیں"۔ O

۵۰۔ اور وہ چلے اپنی چال، اور ہم نے نکالی اپنی توڑ، اور وہ نہ تاڑ سکے۔ O

۵۱۔ تو دیکھ لو، کہ کیسا ہوا انجام ان کی چال کا، بیشک ہم نے برباد کر دیا انہیں، اور ان کی ساری قوم کو۔ O

۵۲.	چنانچہ یہ ان کے گھر ہیں گرے پڑے، بدلہ ہے اس کا جو اندھیر مچا رکھا تھا۔ بیشک اس میں ضرور نشانی ہے ان کے لئے جو علم رکھتے ہیں۔ O

۵۳.	اور بچا لیا ہم نے انہیں جو ایمان لائے اور خوف کھاتے تھے۔ O

۵۴.	اور لوط کو، جب کہ کہا اپنی قوم کو کہ ''تم لوگ آتے ہوئے بے شرمی پر، اور تم آنکھ رکھتے ہو۔ O

۵۵.	کیا تم آتے ہو مردوں کے پاس مستی میں، عورتوں کو چھوڑ کر؟ بلکہ تم لوگ جہالت کرتے ہو'' O

۵۶.	تو نہ تھا ان کی قوم کا جواب، مگر یہ کہ بولے ''نکال دو لوط کے لوگوں کو اپنی آبادی سے یہ لوگ بڑے پاک رہتے ہیں''۔ O

۵۷.　　تو بچا لیا ہم نے انھیں، اور ان کے اپنوں کو، مگر ان کی عورت کہ تقدیر کر دی تھی ہم نے اس کی بچھڑنے والوں کے ساتھ۔ O

۵۸.　　اور برسایا ہم نے ان پر خوب ہی، تو کیسی بری بارش تھی ڈرائے جانے والوں پر۔ O

۵۹.　　تم کہہ دو کہ ''ساری حمد اللہ کی، اور سلام ہے اس کے بندوں پر، جن کو اس نے چنا۔'' کیا اللہ بہتر ہے یا جس کو وہ لوگ شریک بناتے ہیں؟ O

۶۰.　　یا وہ، جس نے پیدا فرمایا آسمانوں اور زمین کو، اور اتارا تمہارے بھلے کو آسمان کی طرف سے پانی، پھر اگائے ہم نے اس سے بارونق باغوں کو۔ تمہارے بس میں نہ تھا کہ اگاؤ ان کے درخت۔ کیا کوئی معبود اور بھی ہے اللہ کے ساتھ؟ بلکہ وہی لوگ راہ سے بے راہ ہیں۔ O

۶۱. یا وہ، جس نے بنائی زمین اس نے بسنے کو، اور کر دیں اس کے نشیبوں میں نہریں اور بنایا اس کے لئے پہاڑوں کا لنگر، اور کر دیا دو دریاؤں کے درمیان روک۔ کیا کوئی معبود اور بھی ہے اللہ کے ساتھ؟ بلکہ انہیں کے بہتیرے جاہل ہیں۔ O

۶۲. یا وہ، جو سنتا ہے بے قرار کی، جب اسے پکارا، اور دور کرتا ہے سختی کو، اور بناتا رہتا ہے تم کو زمین کا حقدار۔ کیا کوئی معبود اور بھی ہے اللہ کے ساتھ؟ تم لوگ جو بہت کم سوچتے ہو۔ O

۶۳. یا وہ، کہ راہ دے تمہیں خشکی اور تری کی تاریکیوں میں، اور جو بھیجے ہواؤں کی خوش خبری سناتی۔ اپنی رحمت سے پہلے، کیا کوئی معبود اور بھی ہے اللہ کے ساتھ؟ بلند و بالا ہے اللہ سے اس سے. جس کو وہ شریک قرار دیتے ہیں۔ O

۶۴۔   یا وہ، جو مخلوقات کی ابتداء کرے، پھر دوبارہ پیدا فرمائے گا ان کو، اور روزی دے تمہیں آسمان و زمین سے۔ کیا کوئی معبود اور بھی ہے اللہ کے ساتھ؟ کہہ دو کہ "لاؤ اپنی دلیل اگر سچے ہو"۔ O

۶۵۔   کہہ دو کہ نہیں بتا سکتا کوئی آسمان والا اور زمین والا غیب کو مگر اللہ اور وہ لوگ نہیں پہچانتے کہ کب اٹھائے جائیں گے۔ O

۶۶۔   بلکہ کیا رسائی پا لی ان کے علم نے آخرت کے بارے میں۔۔۔ بلکہ وہ تو اس کی طرف سے شک میں پڑے ہیں۔۔ بلکہ وہ اس کی طرف سے اندھیرے ہیں۔ O

۶۷۔   اور سوال کیا کافروں نے کہ "کیا جب ہو چکے ہم خاک اور ہمارے باپ دادے، تو کیا ہم پھر نکالے جائیں گے؟ O

۶۸۔   واقعہ ہے کہ اس سے ہم بھی دھمکائے گئے، اور ہمارے باپ دادا بھی ہم سے پہلے۔ یہ نہیں ہے مگر اگلوں کی کہانیاں"۔ O

۶۹۔ تم جواب دو کہ "زمین میں چلو، پھر دیکھو کہ کیسا ہوا انجام جرم کرنے والوں کا۔ O

۷۰۔ اور تم رنج نہ کرو ان کا، اور نہ دل تنگ ہو اس سے، جو یہ سب حال چال کیا کرتے ہیں۔ O

۷۱۔ اور بحث کرتے ہیں کہ "کب آئے گا یہ وعدہ اگر سچے ہو؟ O

۷۲۔ جواب دو کہ "قریب ہے کہ تمہارے پیچھے آ لگے کچھ اس کا، جس کی جلدی پڑی ہے تمہیں O

۷۳۔ اور بلا شبہ تمہارا پروردگار فضل والا ہے لوگوں پر، لیکن ان کے بہتیرے شکر گزار نہیں۔ O

۷۴۔ اور بلا شبہ تمہارا پروردگار، خوب جانتا ہے جو ان کے سینے چھپاتے اور ظاہر کرتے ہیں۔ O

۷۵۔ اور نہیں کوئی غیب آسمان اور زمین کا، مگر لکھا ہوا بیان کرنے والی کتاب میں۔ O

۷۶۔ بیشک یہ قرآن ظاہر کر دیتا ہے بنی اسرائیل پر بہتیری باتیں، جس میں وہ جھگڑتے ہیں۔ O

۷۷۔ اور بیشک وہ ضرور ہدایت و رحمت ہے مان جانے والوں کے لئے۔ O

۷۸۔ بیشک تمہارا رب فیصلہ فرماتا ہے ان کا اپنے حکم سے۔ اور وہ عزت والا علم والا ہے۔ O

۷۹۔ تو بھروسہ رکھو اللہ پر، بلاشبہ تم کھلے ہوئے حق پر ہو۔ O

۸۰۔ بیشک تمہارا پیغام نہ کان کھول سکے ان مردہ دلوں کا، اور نہ ان کا کان رکھتے ہوئے بہروں کا، جب یہ پیٹھ دکھا کر پھر گئے۔ O

۸۱. اور نہ تم ہو ان اندھوں کو راہ دینے والے ان کی گمراہی سے۔ تم نہیں کان کھولتے مگر ان کا جو مان جائیں ہماری آیتوں کو، پھر وہ نیازمند ہیں۔ O

۸۲. اور جہاں پڑگئی ان پر ہونے والی بات، کہ نکال دیا ہم نے ان کے لئے ایک چوپایہ زمین سے، کہ ان سے بات چیت کرنے لگے، کہ بلاشبہ لوگ ہماری نشانیوں کا یقین نہیں رکھتے۔ O

۸۳. اور جس دن کہ ہم ہانکا کرکے اکٹھا کریں گے، ہر امت سے ایک فوج، جو جھٹلاتی رہتی ہے ہماری آیتوں کو، تو ایک دوسرے پر بڑھنے سے روکے جائیں گے۔ O

۸۴. یہاں تک کہ جب سب آچکے، فرمان ہوا کہ کیا ''تمہیں لوگوں نے جھٹلایا تھا میری آیتیں، حالانکہ نہ پہنچ سکا اس تک تمہارا علم، یا تم آخر کیا کرتے تھے۔ O

۸۵۔ اور آ پڑی آنے والی بات ان پر، جو اندھیر مچا رکھا ہے، تو اب بولی نہیں نکلتی۔ O

۸۶۔ کیا انہوں نے نہیں دیکھا کہ "ہم نے بنائی رات کہ آرام لیں اس میں، اور دن کو ان کو دیکھ بھال کرانے والا"۔ بیشک اس میں ضرور نشانیاں ہیں ان کے لئے جو مان جائیں۔ O

۸۷۔ اور جس دن پھونکا جائے گا صور میں، کہ گھبرا اٹھے آسمانوں والے زمین والے، مگر سوا ان کے جنہیں اللہ نے چاہا، اور سب حاضر آئے عاجزوں کی طرح۔ O

۸۸۔ اور دیکھو گے پہاڑوں کو، خیال کرو گے کہ جمے ہیں، حالانکہ وہ بادل کی طرح چل رہے ہیں۔ یہ کاریگری ہے اللہ کی، جس نے مناسب مضبوطی بخشی ہر چیز کو۔ بیشک وہ خبردار ہے جو کچھ تم لوگ کرو۔ O

۸۹. جو کر لایا نیکی، تو اس کے لئے اس سے بھی بہتر ہے۔ اور وہ گھبراہٹ سے اس دن امن میں ہیں۔ O

۹۰. اور جو کر لایا برائی، تو اوندھے منہ جھونک دیئے گئے جہنم میں۔ نہیں بدلہ دیئے جاؤ گے، مگر جو کر توت لائے ہو۔ O

۹۱. مجھے بس یہی حکم دیا گیا ہے کہ "معبود مانوں اس شہر کے رب کو، جس نے حرمت بخشی اسے، اور اسی کا سب کچھ ہے"۔ اور مجھے حکم دیا گیا ہے کہ "میں فرمانبردار رہوں۔ O

۹۲. اور تلاوت کرتا رہا ہوں قرآن کی"۔ تو جو راہ پر آیا، وہ اپنے ہی لئے برسر راہ ہے۔ اور جو بے راہ ہوا، تو کہہ دو کہ "میں بس تمہیں ڈر سنا دینے والا ہوں"۔ O

۹۳۔   اور کہو کہ ''ساری حمد اللہ کی، جلد دکھا دے گا تمہیں اپنی نشانیاں، تو پہچان لو گے انہیں۔ اور نہیں ہے تمہارا رب غافل اے لوگو! تمہاری کرتوت سے۔ O

۲۸۔ سورۃ القصص

نام سے اللہ کے بڑا مہربان بخشنے والا ہے۔ O

۱۔   طٰسٓمٓ O

۲۔   یہ ہیں آیتیں روشن کتاب کی۔ O

۳۔   ظاہر کر رہے ہیں تم پر ٹھیک واقعہ موسیٰ اور فرعون کا، ان کے لئے جو مان لیں۔ O

۴. بیشک فرعون بڑھ چڑھ گیا تھا اس زمین میں، اور بنا دیا تھا، وہاں والوں کو شیعہ شیعہ ۔ ان میں سے ایک گروہ کو پست جانتا، ذبح کر دیتا ان کے بیٹوں کو، اور زندہ چھوڑتا ان کی عورتوں کو، بیشک وہ فساد مچانے والوں سے تھا۔ O

۵. اور ہمارا ارادہ تھا کہ ہم احسان کریں ان پر، جو پست کیے گئے ہیں اس سرزمین میں۔ اور کردیں انہیں پیشوا، اور بنا دیں انہیں حقدار۔ O

۶. اور جما دیں ہم انہیں زمین میں، اور ہم دکھا ہی دیں فرعون و ہامان اور ان کے لشکر کو، جس کو وہ ڈرا کرتے تھے۔ O

۷. اور ہم نے دل میں ڈالا موسیٰ کی ماں کے کہ "انہیں دودھ پلاؤ۔ پھر جب ڈرنے لگے ان پر تو ڈال دو انہیں دریا میں، اور نہ کچھ ڈرو نہ رنج کرو، ہم اس کو لوٹا کر تمہارے پاس لانے والے ہیں، اور ان کو رسولوں سے بنانے والے ہیں۔" O

۸. چنانچہ اٹھا لائے انہیں فرعون کے اپنوں نے، تاکہ ہوں ان کے لئے دشمن اور سبب غم۔ بیشک فرعون و ہامان اور ان کے سارے لشکر خطا کار تھے۔ O

۹. اور بولی فرعون کی عورت، ''آنکھوں کی ٹھنڈک ہے میرے اور تمہارے لئے۔ اس کو قتل نہ کرو۔ قریب ہے کہ ہمیں نفع دے، یا بنا لیں ہم اس کو بیٹا،'' اور وہ لوگ بیخبر تھے۔ O

۱۰. اور صبح کی موسیٰ کی ماں کے دل نے بے صبری سے۔ یقیناً قریب تھا کہ وہ انہیں ظاہر کر دیتی، اگر ہم نہ ڈھارس بندھاتے ان کے دل پر، تاکہ وہ رہے ہماری بات کے ماننے والوں سے۔ O

۱۱. اور بولی ان کی بہن کہ ''اس کے پیچھے پیچھے جا،'' تو وہ دیکھتی رہی اس کو دور سے، اور ان سب کو خبر نہیں۔ O

۱۲۔ اور ہم نے روک رکھا تھا ان پر ساری دائیوں کو پہلے سے ، تو وہ بول پڑی کہ "کیا میں بتا دوں تمہیں ایسے گھرانے کو، جو اس کی پرورش کر دیں تمہارے لئے اور وہ لوگ خیر خواہ ہیں"۔ O

۱۳۔ چنانچہ واپس لائے ہم انہیں ان کی ماں تک، کہ ان کی آنکھ ٹھنڈی ہو، اور رنج نہ کرے، اور تاکہ جان لیں کہ اللہ کا وعدہ ٹھیک ہے، لیکن ان کے بہتیرے جاہل ہیں۔ O

۱۴۔ اور جب وہ پہنچ چکے اپنی مضبوط عمر کو اور ڈیل ڈول کے برابر ہو گئے ہم نے دیا انہیں حکم و علم۔ اور اسی طرح بدلہ دیتے ہیں ہم مخلص بندوں کو۔ O

۱۵۔ اور وہ داخل ہوئے شہر میں وہاں کے لوگوں کے سونے کے وقت تو پایا اس میں دو شخصوں کو کہ لڑ رہے ہیں۔ یہ ان کی جماعت کا، اور وہ ان کا دشمن۔ تو فریاد کی ان سے جوان کی جماعت کا تھا، اس پر جو ان کا دشمن تھا۔ تو گھونسا مارا اسے موسیٰ نے تو قضا آ گئی اس کی،

بولے کہ یہ شیطان کی طرف سے ہو گیا۔ بلا شبہ وہ دشمن ہے کھلا ہوا، گمراہ کرنے والا۔ O

۱۶. دعا کی کہ "پروردگار! بیشک میں نے خود اپنے کو ستایا، تو بخش دے مجھے" تو بخش دیا انہیں۔ بیشک وہ غفور الرحیم ہے۔ O

۱۷. اقرار کیا کہ "پروردگار! چونکہ انعام فرمایا تو نے مجھ پر، تو نہ رہوں گا میں مجرموں کا مددگار"۔ O

۱۸. پھر صبح کی اس شہر میں ڈرتے ہوئے چوکنے، کہ اچانک وہی جس نے مدد مانگی تھی ان کی کل، چلا رہا ہے ان سے۔ بولے اسے موسیٰ کہ "بیشک تو یقیناً کھلا ہوا جھگڑالو ہے"۔ O

۱۹. پھر جب چاہا کہ پکڑیں اسے جو ان دونوں کا دشمن ہے تو بول دیا کہ اے موسیٰ کیا چاہتے ہو، کہ مجھ کو بھی قتل کر دو، جس طرح ماری

تم نے ایک جان کل؟ تم نہیں چاہتے مگر یہ کہ ہو جاؤ زبردست اس سرزمین میں اور یہ نہیں چاہتے کہ درست کرنے والوں سے بنو۔ O

۲۰.   اور آیا ایک شخص شہر کے آخری کنارے سے دوڑتا بولا کہ اے موسیٰ بیشک سارے درباری مشورہ کر رہے ہیں تمہارے لیے کہ قتل کر دیں تم کو تو نکل جائیے، بیشک میں آپ کے خیر خواہوں سے ہوں۔ O

۲۱.   تو نکل پڑے وہاں سے ڈرتے چوکنے۔ دعا کی کہ "پروردگار! بچا لے مجھ کو ان ظالم لوگوں سے"۔ O

۲۲.   اور جب رخ کیا مدین کی طرف، بولے کہ "قریب ہے کہ میرا رب چلائے مجھے سیدھی راہ"۔ O

۲۳.   اور جب اترے مدین کے پانی کے پاس، تو پایا وہاں پر لوگوں کا ایک گروہ، کہ جانوروں کو پانی پلا رہے ہیں۔ اور پایا ان لوگوں سے الگ دو عورتیں، کہ روک رہی ہیں اپنے جانور۔ پوچھا کہ "تم دونوں کا

کیا حال ہے؟" وہ بولیں کہ "ہم پلائیں گے، یہاں تک کہ پلا کر واپس لے جائیں چرواہے۔ اور ہمارے باپ بڑے بوڑھے ہیں"۔ O

۲۴. تو پانی پلایا موسیٰ نے دونوں کے جانوروں کو، پھر گھومے سایہ کی طرف، تو دعا کی کہ "پروردگار! جو کچھ بھی تو مجھ تک اتار دے کھانے کو میں اس کا حاجت مند ہوں"۔ O

۲۵. تو آئی ان کے پاس ان دونوں سے ایک شرم کے ساتھ چلتی۔ بولی کہ "بیشک میرے باپ بلا رہے ہیں آپ کو، تاکہ دیں آپ کو اجرت، جو پانی پلا دیا تھا آپ نے ہمارے آرام کو"، پس جب آئے وہ ان کے پاس اور بتا دیے انہیں سارے واقعات، جواب دیا کہ "مت ڈرو۔۔ تم بچ نکلے ظالم لوگوں سے"۔ O

۲۶. ان دونوں میں سے ایک بولی کہ "اے میرے باپ ان کو اجرت پر رکھ لیجیے۔ کہ اچھا جسے اجرت پر رکھیے وہ ہے، جو مضبوط امانت دار ہو"۔ O

۲۷.	وہ بولے کہ ''میں چاہتا ہوں کہ تمہارا نکاح کر دوں اپنی ان دونوں بیٹیوں میں سے ایک سے، اس پر کہ تم کام کرو میرا آٹھ سال۔ پھر اگر پورا کر دیا تم نے دس سال، تو یہ تمہاری طرف سے ہے۔ اور میں یہ نہیں چاہتا کہ مشقت ڈالوں تم پر۔ آئندہ پاؤ گے مجھے، انشاء اللہ اہلیت والوں سے''۔O

۲۸.	جواب دیا کہ ''یہ ہو چکا میرے آپ کے درمیان۔ دونوں میں سے جو مدت میں نے پوری کر دی، تو مجھ پر کوئی الزام نہیں۔ اور اللہ ہم لوگ جو کہہ رہے ہیں اس کا ضامن ہے''۔O

۲۹.	تو جب پوری کر لی موسیٰ نے مدت، اور چلے لے کر اپنی بی بی کو، محسوس کیا طور کی طرف سے آگ۔ بولے اپنی اپنی بی بی سے کہ ''ٹھہرو میں نے دیکھ لی ہے آگ، شاید میں وہاں سے تمہارے پاس کوئی خبر لاؤں، یا آگ کی دہکتی چنگاری کہ تم تاپ لو''۔O

۳۰. تو جب آئے وہاں، پکارے گئے میدان کے داہنے کنارے سے، اس سرزمین شریف میں درخت سے کہ "اے موسیٰ! بیشک میں ہی اللہ ہوں، سارے جہان کا پالنے والا۔ O

۳۱. اور یہ کہ ڈال دو اپنا عصا،" تو جب دیکھا اسے کہ رینگتا چلتا ہے، گویا کہ وہ سانپ ہے، تو چلنے لگے منہ پھیر کر اور مڑ کر نہ دیکھا۔ "اے موسیٰ! سامنے آؤ اور مت ڈرو۔ بیشک تم امن والوں سے ہو۔ O

۳۲. لے جاؤ اپنا ہاتھ گریبان میں، نکلے گا سفید روشن بغیر کسی بیماری کے، اور اکٹھا کر لیا کرو اپنی طرف اپنے بازو کو ڈر لگنے سے، تو یہ تمہاری دو نشانیاں ہیں، تمہارے رب کی طرف سے فرعون اور اس کے درباریوں کی طرف، بیشک یہ لوگ نافرمان ہیں"۔ O

۳۳. عرض کی کہ "اے میرے رب! میں نے مار ڈالا تھا ان میں سے ایک نا شخص کو، تو میں اندیشہ کرتا ہوں کہ مجھ کو قتل کر دیں۔ O

۳۴.   اور میرے بھائی ہارون، مجھ سے زیادہ صاف زبان کے ہیں، تو ان کو رسول بنا دے میرے ساتھ مددگار، کہ میری تصدیق کرتے رہیں، کیونکہ میں اندیشہ کرتا ہوں کہ مجھ کو وہ لوگ جھٹلائیں گے۔'' O

۳۵.   فرمان ہوا کہ قریب ہے کہ ہم مضبوط فرما دیں گے تمہارے بازو کو تمہارے بھائی سے، اور دیں گے تم دونوں کو ہیبت، کہ نہ پہنچ سکیں، وہ تم دونوں تک، ہماری نشانیوں کے سبب۔ تم دونوں اور جس نے تمہاری پیروی کی جیتنے والے ہیں''۔ O

۳۶.   پھر جب لے آئے ان کے پاس موسیٰ ہماری روشن نشانیاں، سب بولے کہ ''یہ نہیں ہے مگر گڑھنت جادو، اور ہم نے نہیں سنا اسے اپنے اگلے باپ دادوں میں''۔ O

۳۷۔ اور کہا موسیٰ نے کہ "میرا رب خوب جانتا ہے جو لایا ہدایت اس کی طرف سے، اور اس کا بھلا ہو گا گھر کا انجام۔ بلاشبہ ناکام رہیں گے اندھیر مچانے والے"۔ O

۳۸۔ اور بولا فرعون کہ "اے درباریو! میں نہیں جانتا تمہارا کوئی معبود اپنے سوا۔ تو پکواؤ میرے لئے اے ہامان! مٹی کی اینٹیں، پھر بناؤ میرے لئے بلند گھر، کہ شاید میں جھانک آؤں موسیٰ کے معبود کو۔ اور میں تو خیال کرتا ہوں انہیں جھوٹا"۔ O

۳۹۔ اور بڑا بنا وہ اور اس کے سارے لشکر اس سر زمین میں ناحق۔ اور سمجھے کہ وہ ہماری طرف نہ لوٹائے جائیں گے۔ O

۴۰۔ تو پکڑا ہم نے اسے اور اس کے لشکروں کو، پھر جھونک دیا ان سب کو دریا میں، تو دیکھ لو کیسا انجام ہوا ظالموں کا۔ O

۴۱۔   اور بنا رکھا ہم نے انہیں لیڈر،کہ بلایا کریں جہنم کی طرف۔ اورقیامت کے دن ان کی مدد نہ کی جائے O

۴۲۔   اور پیچھے لگا دی ان کے اس دنیا میں لعنت۔ اور قیامت کے دن وہ برے ہیں۔ O

۴۳۔   اور بیشک دی تھی ہم نے موسیٰ کو کتاب، بعد اس کے کہ ہم برباد فرما چکے تھے پہلی امتوں کو، دل کی آنکھیں کھولنے والی لوگوں کی، ہدایت و رحمت، کہ وہ لوگ نصیحت پائیں۔ O

۴۴۔   اور تم نہ تھے پچھمی جانب، جب کہ بھیجا ہم نے موسیٰ کی طرف حکم، اور نہ تم وہاں حاضر تھے۔ O

۴۵۔   لیکن ہاں پیدا فرماتے رہے امتوں کو، پھر دراز ہوئیں ان پر عمریں۔ اور نہ تھے تم قیام پذیر مدین والوں میں تلاوت کرتے ان پر ہماری آیتوں کی۔ لیکن ہم ہیں رسولوں کے بھیجنے والے۔ O

۴۶.　اور نہ تھے تم طور کے کسی سمت، جب کہ ہم نے ندا فرمائی تھی۔ لیکن ہاں یہ غیب کی تعلیم رحمت ہے، تمہارے رب کی، تاکہ ڈراتے رہو انہیں جن کے پاس نہیں آیا کوئی ڈر سنانے والا تم سے پہلے، کہ وہ نصیحت پاسکیں۔ O

۴۷.　اور اگر نہ ہوتا یہ کہ آئندہ پہنچتی انہیں مصیبت، بوجہ اس کے جو ان ہاتھوں نے آگے کر رکھا تھا، تو یہ کہہ سکتے کہ ''پروردگار! کیوں نہ بھیجا تو نے ہمارے پاس رسول، کہ ہم پیروی کرتے تیری آیتوں کی، اور ہوتے ماننے والوں سے''۔ O

۴۸.　چنانچہ جب آگیا ان کے پاس حق ہماری طرف سے، تو کہنے لگے کہ ''کیوں نہ دیا گیا جس طرح دیا گیا موسیٰ کو۔'' کیا نہیں انکار کر دیا تھا جو دیا گیا تھا موسیٰ کو پہلے ہی؟ بولے ''دونوں جادو ہیں۔۔ باہم پشت پناہ'' اور بولے کہ ''ہم سب سے انکاری ہیں''۔ O

۴۹. کہہ دو کہ "پھر لے آؤ تمہیں اللہ کی طرف سے کوئی کتاب، جو زیادہ ہدایت کرے ان دنوں سے، کہ ہم اس کی پیروی کریں اگر سچے ہو O

۵۰. پھر اگر نہ قبول کیا تمہارے چیلنج کو، تو یقین جانو کہ وہ اپنی خواہشوں ہی کے غلام ہیں، اور اس سے زیادہ گمراہ کون ہے، جس نے پیروی کی اپنی خواہش نفسانی کی، بغیر کسی ہدایت کے، اللہ کی طرف سے، بیشک اللہ نہیں راہ دیتا ظالم لوگوں کو۔ O

۵۱. اور بیشک ہم نے لگا تار نازل فرمائی بات، کہ وہ یاد رکھا کریں۔ O

۵۲. جنہیں دی ہم نے کتاب اس کے پہلے، وہ اسے بھی مانتے ہیں۔ O

۵۳. اور جب تلاوت کی جاتی ہے ان پر، کہنے لگے کہ ''ہم مان چکے، اس کو، کہ بلاشبہ حق ہے ہمارے رب کی طرف سے، بیشک ہم اس کے پہلے ہی نیازمند تھے۔'' O

۵۴. یہ لوگ ہیں کہ ثواب دئیے جائیں گے ڈبل، کہ صبر کرتے رہے اور ہٹائیں نیکی سے برائی کو، اور جو روزی دی ہم نے انہیں، اس سے خرچ کریں۔ O

۵۵. اور جہاں سنا بے ہودہ بات کو، رخ پھیر لیا اس سے، اور کہہ دیا کہ ''ہمارے لئے ہمارے اعمال ہیں، اور تمہیں تمہارے کرتوت ہیں، ہمارا اسلام لو۔ ہم نہیں پسند کرتے جاہلوں کو۔ O

۵۶. بیشک یہ تم نہیں ہدایت کر رہے ہو جس کی چاہا، لیکن ہاں، یہ اللہ راہ دے رہا ہے جسے چاہے۔ اور وہ خوب جانتا ہے راہ پانے والوں کو۔ O

۵۷۔   اور کہنے لگے کہ ''اگر ہم پیروی کریں ہدایت کی آپ کے ساتھ، تو اچک لئے جائیں گے ہم اپنے وطن سے۔'' کیا نہیں ٹھکانہ نہ دیا ہم نے انہیں امن والے حرم میں؟ کھینچ لائے جاتے ہیں جس کی طرف ہر چیز کے پھل، روزی ہماری طرف سے، لیکن ان کے بہتیرے نادان ہیں۔ O

۵۸۔   اور کتنی برباد کریں ہم نے آبادیاں جو اتراتی تھیں اپنے عیش آرام پر۔ تو یہ ان کے گھر بار ہیں، نہیں رکا جاتا تم سے جہاں ان کے بعد، مگر ذرا سا، اور ہمیں رہ گئے وارث۔ O

۵۹۔   اور تمہارا رب بستیوں کو برباد فرمانے والا نہیں، یہاں تک کہ بھیج دے اس کے مرکز میں کوئی رسول، جو تلاوت کرے ان پر ہماری آیتیں، اور ہم نہیں ہیں آبادیوں کو تباہ کرنے والے، مگر یہ کہ وہاں والے اندھیرے مچانے والے ہوں۔ O

۶۰.	اور جو تم دئیے گئے ہو کچھ، تو وہ دنیاوی زندگی کا رہن سہن اور اس کی آرائش ہے۔ اور جو کچھ اللہ کے پاس بہتر ہے اور باقی رہنے والا ہے۔ تو کیا تم عقل نہیں رکھتے؟ O

۶۱.	تو کیا جس سے وعدہ فرمایا ہم نے اچھا، تو وہ اسے ملنے والا ہی ایسا ہے، جسے رہنے دیا ہم نے دنیاوی زندگی کی رہن سہن، پھر وہ قیامت کے دن پکڑ کر حاضر کیئے ہوئے ہیں۔ O

۶۲.	اور جس دن انہیں ندا فرمائے گا، تو فرمائے گا کہ "کہاں ہیں جن کو تم ہمارا شریک سمجھا کرتے تھے؟ O

۶۳.	بول دئیے جن پر درست نکلی بات کہ "پروردگار! یہ ہیں جنہیں ہم نے گمراہ کیا۔ جیسے ہم گمراہ تھے۔ ویسا ہی گمراہ کیا۔ ہم ان سے باز آئے تیری طرف۔ وہ ہمیں نہیں پوجتے تھے۔ O

۶۴۔ اور حکم دیا گیا کہ "بلاؤ اپنے ساختہ شریکوں کو،" تو انھوں نے
پکارا انھیں، تو نہیں جواب دیا انھیں، اور دیکھنا پڑا سب کو عذاب۔
کاش وہ راہ پائے ہوتے۔ O

۶۵۔ اور جس دن ندا فرمائے گا انھیں، تو فرمائے گا کہ "کیا جواب
دیا تھا ہم نے رسولوں کو؟ O

۶۶۔ تو اندھرا گئیں ان پر اسری باتیں اس دن، تو وہ پوچھ گچھ نہ
کریں گے۔ O

۶۷۔ تو ہاں جس نے توبہ کی اور ایمان لایا اور لیاقت کے کام کیے،
تو قریب ہے کہ کامیابیوں سے ہو۔ O

۶۸۔ اور تمہارا رب پیدا کرے جسے چاہے اور چن لے۔ ان
لوگوں کا کچھ اختیار نہیں۔ پاکی ہے اللہ کی، اور وہ بلند و بالا ہے ان سے
جن کو سب شریک بناتے ہیں۔ O

۶۹۔   اور تمہارا رب خوب جانتا ہے جو کچھ چھپائیں ان کے سینے، اور جو کچھ وہ ظاہر کریں۔ O

۷۰۔   اور وہی اللہ ہے کہ نہیں ہے کوئی معبود اس کے سوا، اسی کی حمد ہے دنیا و آخرت میں، اور اسی کا حکم ہے اور اسی کی طرف تم سب لوٹائے جاؤ گے۔ O

۷۱۔   پوچھو کہ "ذرا دیکھو تو، کہ اگر کر دے اللہ تم پر رات کو ہمیشہ کے لئے قیامت تک، تو کون معبود ہے، اللہ کا غیر، جو لائے تمہارے پاس روشنی، تو کیا تمہارے کان نہیں ہیں؟" O

۷۲۔   پوچھو کہ "ذرا دیکھو تو، کہ اگر کر دے اللہ تم پر دن کو ہمیشہ کے لئے قیامت تک، تو کون معبود ہے اللہ کا غیر، جو لائے تمہارے پاس رات، کہ آرام کرو جس میں، تو کیا آنکھ نہیں رکھتے؟" O

۷۳. اور اس کی رحمت سے ہے کہ بنایا تمہارے لئے رات اور دن، تاکہ آرام کرو اس میں اور تاکہ تلاش کرو اس کا فضل اور شکر گزاری کرو۔ O

۷۴. اور جس ندا فرمائے گا انہیں، تو فرمائے گا کہ "کہاں ہیں جنہیں میرا شریک تم سمجھتے تھے؟" O

۷۵. اور کھینچ نکالا ہم نے ہر امت سے گواہ، تو ہم نے فرمایا کہ "لاؤ اپنا ثبوت،" تو سب جان گئے کہ حق اللہ کے لئے ہے، اور گم ہو گیا ان سے جو گڑھا کرتے تھے۔ O

۷۶. بیشک قارون تھا موسیٰ کی قوم سے، پھر باغی ہو گیا قوم کا۔ اور دے رکھا تھا ہم نے اسے اتنے خزانے، کہ اس کی کنجیاں بھاری بوجھ ہو جاتیں زور مند جماعت پر۔ جب کہ کہا اسے اس کی قوم نے کہ "مت اترا! بیشک اللہ نہیں پسند فرماتا اترانے والوں کو۔ O

۷۷۔   اور تلاش کر اس مال میں جو دے رکھا ہے تجھے اللہ نے دار آخرت کو، اور مت بھول میں راہ اپنے دنیاوی حصہ کے۔ اور احسان کیا کر جس طرح کہ احسان بھیجا اللہ نے۔ تیری طرف، اور مت چاہا کر فساد ملک میں۔ بیشک اللہ نہیں پسند فرماتا فساد مچانے والوں کو۔ O

۷۸۔   اس نے جواب دیا کہ "مجھے دیا گیا ہے، یہ صرف میرے علم کی بنا پر جو میرے پاس ہے"۔ کیا اس نے نہ جانا، کہ بلاشبہ اللہ نے برباد فرما دیا اس کے پہلے کتنی قوموں کو، جو اس سے زیادہ تھے زور میں، اور بہت جمع والے تھے، اور نہیں پوچھے جایا کرتے اپنے گناہوں کے بارے میں مجرم لوگ۔ O

۷۹۔   تو نکلا اپنی قوم پر اپنی سجاوٹ میں۔ بولے جو چاہتے ہیں دنیاوی زندگی کو کہ "اے کاش! ہمارا ہوتا، جیسا کہ دیا گیا ہے قارون۔ بیشک وہ بڑے نصیب والا ہے"۔ O

۸۰.	اور کہا انہوں نے جن کو علم دیا گیا ہے کہ ''تم پر افسوس ہے، اللہ کا ثواب بہتری ہے ان کے لئے جو ایمان لائے اور لیاقت والے کام کیئے۔ اور نہیں پاتے، یہ مگر صبر کرنے والے''O

۸۱.	تو دھنسا دیا ہم نے اسے اور اس کے گھر کو زمین میں۔۔ تو نہ رہ گیا اس کا کوئی گروہ، جو مدد کرے اس کی اللہ کے مقابل۔ اور نہ وہ خود بدلہ لے سکا۔O

۸۲.	اور صبح کی جنہوں نے آرزو کی تھی اس کے جگہ کی کل کہ کہہ رہے ہیں کہ افوہ! اللہ ہی کشادہ فرماتا ہے روزی کو جسے چاہے اپنے بندوں میں اور تنگی کرتا ہے اگر نہ ہوتی یہ بات کہ احسان فرما دیا اللہ نے ہم پر، تو دھنسا دیتا ہم کو، افوہ! نہیں کامیابی پاتے کافر لوگ۔O

۸۳.	یہ آخرت والے گھر ہم ان کے لئے کرتے ہیں جو نہ چاہیں بڑا بننا زمین میں، اور نہ فساد اور انجام بخیر ہونا ڈر جانے والوں کے لئے ہے۔O

۸۴۔ جو کر لایا نیکی، تو اسے اس سے بھی بہتر ہے۔ اور جو کر لایا برائی، تو نہ بدلہ دئیے جائیں گے جنہوں نے بدکاری کی، مگر جو ان کا کرتوت ہے۔ O

۸۵۔ بیشک جس نے تم پر ذمہ داری لگا دی قرآن کی، ضرور واپس لانے والا ہے تمہیں، تمہاری واپسی کی جگہ پر۔ کہہ دو کہ "میرا رب خوب جانتا ہے، جو ہدایت لے کر آیا، اور جو کھلی گمراہی میں ہے"۔ O

۸۶۔ اور تم امید نہیں کرتے تھے کہ "پہنچائی جائے گی تم تک کتاب،" مگر رحمت ہے تمہارے رب کی طرف سے، تو کبھی نہ ہونا مددگار کافروں کے۔ O

۸۷۔ اور نہ کبھی وہ روک بن سکیں تمہارے، اللہ کی آیتوں سے، اس کے بعد کہ نازل فرمائی گئیں تمہاری طرف، اور بلاتے رہو اپنے رب کی طرف، اور کبھی نہ ہونا مشرکین سے۔ O

۸۸۔   اور نہ دہائی دینا اللہ کے ساتھ دوسرے معبود کی۔ نہیں ہے کوئی معبود اس کے سوا۔۔ ہر چیز مٹنے والی ہے سوا اس کی ذات کے۔ اسی کا حکم ہے، اور اسی کی طرف تم لوگ لوٹائے جاؤ گے۔ O

۲۹۔ سورۃ العنکبوت

نام سے اللہ کے بڑا مہربان بخشنے والا O

۱. الم O

۲. کیا گمان کر رکھا ہے لوگوں نے کہ چھوڑ دیے جائیں گے یہ کہہ
کر کہ ہم ایمان لا چکے اور وہ آزمائے نہ جائیں گے۔ O

۳. اور بلا شبہ ہم نے آزمایا جو ان سے پہلے ہوئے تو ضرور بتا
دے گا اللہ انہیں جو سچے ہیں، اور ضرور بتا دے گا جھوٹوں کو O

۴. یا سمجھ بیٹھے ہیں جو کرتے ہیں برے کام، کہ ''وہ ہم سے بڑھ
نکلیں گے۔'' کیسا برا فیصلہ کرتے ہیں۔ O

۵. جو لو لگائے ہے اللہ سے ملنے کی، تو یقیناً اللہ کا مقرر کیا ہوا وقت ضرور آنے والا ہے اور وہی سننے والا جاننے والا ہے۔ O

۶. اور جس نے جہاد کیا، تو وہ اپنے بھلے کو جہاد کرتا ہے۔ کہ یقیناً اللہ بے پرواہ ہے سارے جہان سے۔ O

۷. اور جو مان لیئے گیئے اور کرنے کے کام کیئے، تو ہم ضرور میٹ دیں گے ان کے گناہوں کو اور ضرور انہیں بدلہ دیں گے، زیادہ بہتر، اس سے جو وہ عمل کرتے تھے۔ O

۸. اور ہم نے تاکید فرما دی انسان کو اپنے ماں باپ کے ساتھ نیکی کی۔ اور اگر وہ دونوں دباؤ ڈالیں تم پر، کہ شریک بناؤ میرا، جس کا تمہیں کسی طرح بھی علم نہیں، تو مت کہا مانو ان کا۔ میری طرف تم سب کا لوٹنا ہے، تو بتا دوں گا تمہیں جو تم کرتے رہے۔ O

۹.	اور جو مان گئے اور کرنے کے کام کئے ، تو ضرور ہم داخل کریں گے ، انہیں لیاقت والوں میں ۔ O

۱۰.	اور کچھ لوگ ہیں کہتے ہیں کہ ہم مان گئے اللہ کو ''پھر جب دکھ دیا گیا اللہ کی راہ میں ، تو بنانے لگے لوگوں کے فتنہ کو ، اللہ کے عذاب کے برابر ۔ اور اگر آ گئی مدد تمہارے رب کی طرف سے ، تو ضرور کہیں گے کہ ''ہم آپ کے ساتھی تھے ۔'' کیا اللہ خوب نہیں جانتا؟ جو سارے جہان کے سینوں میں ہے ۔ O

۱۱.	اور ضرور بتا دے گا اللہ ایمان لانے والوں کو ، اور ضرور معلوم کرا دے گا منافقوں کو ۔ O

۱۲.	اور بولے کفر کرنے والے ایمان لانے والوں کو کہ ''چل پڑو ہماری راہ ، اور ہم اپنے ذمہ لیں گے تمہارے گناہوں کو ۔'' حالانکہ وہ ان کے گناہوں کے ذمہ دار کچھ بھی نہیں ہیں ۔ بلاشبہ وہ جھوٹے ہیں ۔ O

۱۳۔ اور ضرور اپنا بھاری بوجھ وہ اٹھائیں گے، اور ان بوجھوں کے ساتھ اور بوجھ۔ اور ضرور پوچھے جائیں گے قیامت کے دن، جو گڑھا کرتے تھے۔ O

۱۴۔ اور بیشک بھیجا ہم نے نوح کو ان کی قوم کی طرف، تو رہے ان میں ایک ہزار برس، پچاس سال کم۔ تو پکڑا انہیں طوفان نے اور وہ اندھیر والے تھے۔ O

۱۵۔ پھر بچا لیا ہم نے نوح اور سارے کشتی والوں کو، اور کر دیا ہم نے اس کو نشانی سارے جہان کے لئے۔ O

۱۶۔ اور ابراہیم، جب کہ کہا اپنی قوم کو، کہ "پوجو اللہ کو، اور اسے ڈرو، یہی بہتر ہے تمہارے لئے اگر علم سے کام لو۔ O

۱۷۔ تم بس پوجا کرتے ہو اللہ کے مقابل بتوں کی، اور گڑھتے ہو۔ بیشک جنہیں تم پوجتے ہو اللہ کے مقابل نہیں مالک ہیں تمہاری روزی

کے، تو تلاش کرو اللہ کے یہاں روزی، اور پوجو اسے اور شکر کرتے رہو اس کا۔ اسی کی طرف لوٹائے جاؤ گے۔ O

۱۸. اور اگر تم نے جھٹلایا، تو بیشک جھٹلا چکی ہیں امتیں تم سے پہلے۔ اور نہیں ہے رسول کے ذمہ، مگر صاف صاف پہنچا دینا۔'' O

۱۹. کیا انہیں نہیں سوجھا، کہ کیسے ابتداء فرماتا ہے اللہ خلق کی، پھر دوبارہ بنائے گا اسے۔ بیشک یہ اللہ کو آسان ہے۔ O

۲۰. بتاؤ کہ ''سیر کر ڈالو زمین میں، پھر و، دیکھو کہ کس طرح شروع کیا خلق کو، پھر اللہ پیدا فرما دے گا دوبارہ۔ بیشک اللہ ہر چاہے پر قادر ہے۔ O

۲۱. عذاب دے جسے چاہے، اور رحم فرمائے جس پر چاہے۔ اور اسی کی طرف تم سب پھیرے جاؤ گے۔ O

۲۲.	اور نہ تم ہرا سکنے والے زمین میں، اور نہ آسمان میں، اور نہ تمہارا اللہ کے مقابل کوئی یار اور نہ مددگار۔ O

۲۳.	اور جنہوں نے انکار کر دیا اللہ کی آیتوں کا، اور اس کے ملنے کا، وہ سب نا امید ہو چکے میری رحمت سے، اور انہیں کے لئے ہے دکھ والا عذاب۔ O

۲۴.	پس نہ تھا ان کی قوم کا کوئی جواب، مگر یہ کہ بول پڑے کہ ''مار ڈالو انہیں، یا جلا دو ان کو'' تو بچا لیا اللہ نے انہیں آگ سے، بیشک اس میں ضرور نشانیاں ہیں ان کے لئے جو مانیں۔ O

۲۵.	اور ابراہیم نے کہا کہ ''تم لوگوں نے بنا رکھا ہے اللہ کو چھوڑ کر بتوں کو، اپنی آپس کی محبت سے یہی دنیاوی زندگی میں۔ پھر قیامت کے دن انکار کرے گا تمہارا ایک دوسرے سے، اور لعنت بھیجے گا ایک دوسرے پر۔ اور تمہارا ٹھکانہ جہنم ہوگا، اور نہ ہوگا تمہارا کوئی مدد گار''۔ O

۲۶۔ تو مان گئے ان کو لوط۔۔۔ اور ابراہیم بولے کہ "میں سب کو چھوڑ کر چلا اپنے رب کی طرف"۔ بیشک وہی غلبہ والا حکمت والا ہے۔ O

۲۷۔ اور بخشا ہم نے انہیں اسحاق اور یعقوب، اور کر دیا ان کی نسل میں نبوت اور کتاب کو، اور دیا ہم نے انہیں ان کا اجر دنیا میں۔ اور بلاشبہ آخرت میں ہماری اہلیت والوں سے ہیں۔ O

۲۸۔ اور لوط، جب کہ کہا اپنی قوم کو کہ "تم کرنے آتے ہو بے شرمی کو، نہیں پہلے کیا تم سے کسی نے سارے جہان سے۔ O

۲۹۔ کیا تم بدکاری کرتے ہو مردوں سے، اور روک کاٹ کرتے رہتے ہو راستہ کی۔ اور اپنی بھری مجلس میں ناشائستہ کام کرتے ہو،" تو نہ تھا ان کی قوم کا کوئی جواب، مگر یہ کہ بولے کہ "لے آؤ اللہ کا عذاب اگر سچے"۔ O

۳۰.	لوط نے دعا کی کہ "پروردگار! مجھ کو فتح دے فساد مچانے والی قوم پر O

۳۱.	اور جب آپہنچے ہمارے قاصد ابراہیم کے پاس خوشخبری لے کر، تو بولے کہ "ہم ضرور برباد کر دینے والے ہیں اس بستی والوں کو۔ بلاشبہ یہاں کے لوگ اندھیر والے تھے"۔ O

۳۲.	کہا کہ "اسی میں لوط ہیں"۔ سب بولے "ہم خوب جانتے ہیں جو اس میں ہیں۔ ہم انہیں ضرور بچالیں گے اور ان کے والوں کو، مگر ان کی عورت کو جو پچھڑ جانے والی تھی"۔ O

۳۳.	اور جب یہ ہوا کہ آ گئے قاصد لوط کے پاس، تو برا لگا انہیں ان کا آنا، اور دل تنگ ہوئے ان سے، اور سب بولے کہ "مت ڈرو اور نہ رنجیدہ ہو۔ ہم بچانے والے ہیں تم کو اور تمہارے لوگوں کو، سوا تمہاری عورت کے "کہ پچھڑ جانے والوں سے تھی۔ O

۳۴۔ ہم اتارنے والے ہیں اس آبادی والوں پر عذاب آسمان سے، جو نافرمانی کیا کرتے تھے۔ O

۳۵۔ اور بیشک رکھ چھوڑی ہم نے اس سے کھلی نشانی ان کے لیے جو سمجھیں O

۳۶۔ اور مدین کی طرف ان کی برادری کے شعیب کو، چنانچہ انہوں نے کہا کہ اے میری قوم! پوجو اللہ کو اور امیدوار بنو پچھلے دن کے اور نہ پھر و زمین میں فساد پھیلاتے۔ O

۳۷۔ تو جھٹلایا سب نے انہیں، تو پکڑا انہیں زلزلہ نے تو صبح کی اپنے گھروں میں گھٹنے کے بل اوندھے O

۳۸۔ اور عاد و ثمود اور روشن ہو چکے تمہیں ان کے گھر۔۔ اور بھلا لگا دیا ان کی نظر میں شیطان نے ان کے کرتوتوں کو، تو روک دیا انہیں راہ سے۔ حالانکہ وہ آنکھ والے تھے۔ O

۳۹.	اور قارون و فرعون و ہامان۔۔۔ اور بلا شبہ ان کے پاس
موسیٰ نشانیوں کے ساتھ تو یہ سب بڑے بنے ملک میں، اور نہ تھے
بڑھ نکلنے والے۔ O

۴۰.	تو ہر ایک کو پکڑا ہم نے اس کے گناہ کے سبب۔ تو کوئی وہ
ہے جس پر چھوڑا ہم نے پتھریلی آندھی، اور کوئی وہ جس کو لے لیا
چنگھاڑ نے، اور کوئی وہ ہے جس کو دھنسا دیا ہم نے زمین میں، اور کوئی
وہ جس کو ڈبو دیا ہم نے، اور یہ بات نہ تھی کہ اللہ ظلم کرے ان پر،
لیکن وہ خود اپنے اوپر اندھیر مچاتے تھے۔ O

۴۱.	ان کی مثال جنھوں نے بنا رکھا ہے اللہ سے بے تعلق ہو کر
اپنے یار، مکڑی کی مثال کی طرح ہے۔ کہ بنا لیا گھر اور بلا شبہ گھروں
سے زیادہ کمزور مکڑی کا گھر ہے۔۔ اگر علم رکھتے ہوتے۔ O

۴۲.	بلا شبہ اللہ جانتا ہے، وہ لوگ جس چیز کی معبود جان کر دہائی
دیتے ہیں، اس کے مقابلہ پر اور وہی عزت والا حکمت والا ہے۔ O

۴۳.	اور یہ مثالیں ہیں کہاوت بناتے ہیں ہم لوگوں کے لئے، اور نہیں سمجھتے اسے مگر علم والے۔ O

۴۴.	پیدا فرمایا اللہ نے آسمانوں اور زمین کو ٹھیک۔۔ بیشک اس میں ضرور نشانی ہے ایمان والوں کے لئے۔ O

۴۵.	پڑھتے رہو جو وحی کی گئی ہے تمہاری طرف کتاب، اور پابند رہو نماز کے۔ کہ نماز روکتی رہتی ہے۔ بے شرمی اور ناگوار کام سے۔ اور بیشک اللہ کا ذکر بہت بڑا ہے۔ اور اللہ جانتا ہے جو تم لوگ کرو۔ O

۴۶.	اور تم لوگ مت جھگڑو اہل کتاب سے، مگر خوبصورت طریقہ سے۔ مگر جس نے اندھیر مچایا ان میں سے، اور کہہ دیا کرو کہ ''ہم نے مان لیا ہے جو نازل کیا گیا ہے ہماری طرف، اور جو نازل کیا گیا تمہاری طرف، اور ہمارا تمہارا معبود ایک ہے، اور ہم اسی کے آگے گردن ڈالے ہیں۔'' O

۴۷۔   اور اسی طرح نازل فرمایا ہم نے تمہاری طرف کتاب۔ تو جنہیں ہم دے چکے ہیں کتاب، وہ اس کو بھی مانیں۔ اور ان مکہ والوں سے بھی کوئی مان جاتے ہیں اس کو۔ اور نہیں انکار کرتے ہماری آیتوں کا، مگر کافر۔ O

۴۸۔   اور نہیں پڑھا کرتے تھے تم اس کے پہلے کوئی کتاب، اور نہ لکھتے تھے کچھ اپنے ہاتھ سے، کہ اس وقت تو شک نکالتے باطل والے۔ O

۴۹۔   بلکہ یہ روشن آیتیں ہیں ان کے سینوں میں، جنہیں علم دیا گیا ہے۔ اور نہیں دانستہ انکار کرتے ہماری آیتوں سے، مگر ظلم والے۔ O

۵۰۔   اور بکنے لگے کہ "کیوں نہیں اتاری جاتیں ان پر عذاب کی نشانیاں ان کے رب کی طرف سے۔ جواب دو کہ "وہ نشانیاں اللہ کے پاس ہیں، اور میں بس صاف صاف ڈر سنانے والا ہوں۔" O

۵۱. کیا انہیں کافی نہیں کہ ہم نے اتاری تم پر کتاب جو پڑھی جاتی ہے ان پر۔ بیشک اس میں یقیناً رحمت اور نصیحت ہے، ان کے لئے جو مانیں۔ O

۵۲. کہہ دو کہ ''کافی ہے اللہ میرے اور تمہارے درمیان گواہ۔'' وہ جانتا ہے جو کچھ آسمانوں اور زمین میں ہے۔ اور جو مان گئے باطل کو، اور انکار کر دیا اللہ کا، وہی گھاٹے والے ہیں۔ O

۵۳. اور جلدی مچاتے ہیں تم سے عذاب کی۔ اور اگر نہ ہوتا اس کا مقرر وقت، تو ضرور آ جاتا ان تک عذاب اور ضرور آئے گا ان کے پاس اچانک، اور وہ بیخبر ہوں گے۔ O

۵۴. جلد بازی کرتے ہیں تم سے عذاب کی۔ اور بلا شبہ جہنم گھیرے میں لئے ہے کافروں کو۔ O

۵۵.   جس دن ڈھانپ لے گا، انھیں عذاب ان کے اوپر سے اور
ان کے پاؤں تلے سے، اور فرمائے گا، کہ ''چکھو مزا اپنے کرتوت
کا۔'' O

۵۶.   اے میرے وہ بندو! جو مان چکے ہو، بلاشبہ میری زمین لمبی
چوڑی ہے، تو مجھی کو معبود مانتے رہو۔ O

۵۷.   ہر نفس مزا چکھنے والا ہے موت کا۔۔ پھر ہماری طرف تم
لوگ لوٹائے جاؤ گے۔ O

۵۸.   اور جو ایمان لائے اور لیاقت کے کام کیے، تو ضرور ہم
ٹھکانہ دیں گے انھیں جنت کے بالاخانے، بہہ رہی ہیں، جن کے نیچے
نہریں، ہمیشہ رہنے والے اس میں۔ کتنا اچھا ثواب ہے عمل والوں
کا۔ O

.۵۹ جنہوں نے صبر سے کام لیا اور اپنے رب ہی پر بھروسہ
رکھیں۔ O

.٦٠ اور کتنے جاندار ہیں کہ نہیں اٹھائے رکھتے اپنی روزی۔ اللہ
انہیں روزی دے اور تم کو بھی۔ اور وہی سننے والا علم والا ہے۔ O

.٦١ اور اگر تم سوال کرو ان سے کہ 'کس نے پیدا فرمایا آسمانوں
اور زمین کو، اور قابو میں رکھا سورج اور چاند کو؟'' تو ضرور جواب دیں
گے کہ ''اللہ،'' تو پھر کہاں اوندھے جاتے ہیں۔ O

.٦٢ اللہ کشادہ کرے روزی جس کی چاہے اپنے بندوں سے، اور
تنگی کرے جس کی چاہے، بیشک اللہ ہر ایک کا جاننے والا ہے۔ O

.٦٣ اور اگر تم پوچھو ان سے کہ 'کس نے اتارا آسمان کی طرف
سے پانی، پھر زندہ فرما دیا اس سے زمین کو اس کے مر جانے کے

بعد؟'' ضرور کہہ دیں گے کہ اللہ۔ بولو، الحمد اللہ بلکہ ان کے بہتیرے
عقل نہیں رکھتے۔ O

۶۴. اور نہیں ہے یہ دنیا والی زندگی مگر کھیل کود۔ اور بیشک
آخرت والا گھر، وہی زندگی ہے۔۔۔ اگر وہ جان سکتے۔ O

۶۵. تو جہاں سوار ہوئے کشتی میں، پکارنے لگے اللہ کو، اخلاص
رکھتے ہوئے اس کے ساتھ عقیدہ کا۔۔ پھر جب بچا لایا انہیں خشکی کی
طرف، اب وہ شریک بنانے لگے۔ O

۶۶. تاکہ ناشکری کریں جو ہم نے دیا انہیں اور اسے برتیں۔۔ تو
جلد خمیازہ جان ہی لیں گے۔ O

۶۷. کیا انہیں سوجھا نہیں کہ ''ہم نے بنا رکھا ہے حرم کو امن کی
جگہ، اور اچک لیئے جاتے ہیں لوگ ان کے ارد گرد کے۔'' تو کیا باطل
تو مانیں، اور اللہ کی نعمت کی ناشکری ہی کرتے رہیں۔ O

۶۸.	اور اس سے زیادہ اندھیر والا کون، جو گڑھے اللہ پر جھوٹ، یا
جھٹلائے حق، جب وہ پاس آ جائے۔ کیا نہیں ہے جہنم میں ٹھکانہ
کافروں کا، O

۶۹.	اور جنھوں نے جھیلا ہماری راہ میں، تو ضرور ہم راہ دیں گے
انہیں اپنی اور بیشک اللہ یقیناً اخلاص والوں کے ساتھ ہے۔ O

۳۰۔ سورۃ الروم

نام سے اللہ کے بڑا مہربان بخشنے والا O

۱. ال م ۔ O

۲. ہار گئے رومی، O

۳. قریب کی زمین میں، اور وہ اپنی ہار کے بعد جلد جیتیں گے۔ O

۴. چند سال میں۔ ۔ ۔ اللہ ہی کا حکم ہے پہلے اور پیچھے۔ اور اس دن خوش ہوجائیں گے۔ ایمان والے۔ O

۵. اللہ کی مدد سے۔ وہ مدد فرمائے جس کی چاہے اور وہ غلبہ والا رحم والا ہے۔ O

۶. اللہ کا وعدہ۔ نہ خلاف کرے گا اللہ اپنے وعدے کا۔ لیکن بہتیرے لوگ بے علم ہیں۔ O

۷. وہ لوگ جانتے ہیں دنیاوی زندگی کے ظاہر حال کو، اور آخرت سے وہ سب لوگ غافل ہیں۔ O

۸. کیا انہوں نے نہیں سوچا اپنے دلوں میں۔۔ کہ ''نہیں پیدا فرمایا اللہ نے آسمانوں اور زمین کو، اور جو کچھ ان کے درمیان ہے مگر درست، اور مقرر میعاد کے لئے۔'' اور بیشک بہتیرے لوگ اپنے رب کے ملنے سے انکار کرنے والے ہیں۔ O

۹. کیا انہوں نے سیر نہ کی زمین میں، کہ دیکھیں کہ ''کیسا ہوا انجام ان سے پہلوں کا؟'' تھے وہ ان سے زیادہ زور میں، اور انہوں نے زمین توڑی، اور سا کو بسایا تھا اس سے زیادہ جو انہوں نے بسایا ہے اور

لائے تھے ان کے پاس ان کے رسول نشانیاں، تو اللہ، نہیں تھا کہ ظلم کرتا ان پر، لیکن ہاں وہ اپنے اوپر خود ظلم کرتے تھے۔ O

۱۰. پھر ہو گیا انجام ان کا، جنھوں نے خوب برائی کی، کہ جھٹلانے لگے اللہ کی آیتیں، اور ان سے ٹھٹھے کرتے تھے۔ O

۱۱. اللہ ابتدا فرمائے خلق کی، پھر دوبارہ لائے گا اس کو پھر اسی کی طرف لوٹائے جاؤ گے۔ O

۱۲. اور جس دن کھڑی ہو جائے گی قیامت، تو مایوس ہوں گے مجرم لوگ۔ O

۱۳. اور نہ رہے ان کے لئے ان کے معبودوں سے، کوئی سفارش والے۔ اور وہ خود اپنے معبودوں کے منکر ہو گئے۔ O

۱۴. اور جس دن قائم ہو گی قیامت، تو اس دن سب الگ الگ ہو جائیں گے۔ O

۱۵۔ تو جو ایمان لا چکے اور صلاحیت کے کام کئے، تو وہ جنت کی کیاری میں ہیں، وہ خوش کئے جائیں گے۔ O

۱۶۔ اور جنہوں نے نہ مانا اور جھٹلایا ہماری آیتوں کو، اور آخرت کے ملنے کو، تو وہ سب عذاب میں دھر لئے جائیں گے۔ O

۱۷۔ تو پاکی ہے اللہ کی جس وقت تم لوگ شام کرو، اور جس وقت صبح کرو۔ O

۱۸۔ اور اسی کی حمد ہے آسمانوں اور زمین میں، اور سر شام، اور جب دوپہر کرو۔ O

۱۹۔ وہ نکالے زندہ کو مردہ سے، اور نکالے مردہ کو زندہ سے، اور جلا دے زمین کو اس کے مرنے کے بعد۔ اور اسی طرح تم لوگ بھی نکالے جاؤ گے۔ O

۲۰.	اور اس کی نشانیوں سے ہے کہ پیدا فرمایا تمہیں مٹی سے، پھر
اب تم پھرے مہرے والے ہو، پھیلتے جاتے ہو۔ O

۲۱.	اور اس کی نشانیوں سے ہے کہ پیدا فرمایا تمہارے لیئے، تمہیں سے جوڑے، کہ آرام پاؤ ان کی طرف۔ اور کر دیا تمہارے درمیان محبت اور رحمت۔ بیشک اس میں ضرور نشانیاں ہیں۔ ان کے لیئے جو سوچیں۔ O

۲۲.	اور اس کی نشانیوں سے ہے پیدا فرمانا آسمانوں اور زمین کو، اور جدا جدا ہونا تمہاری زبانوں اور رنگتوں کا۔ بیشک اس میں یقیناً نشانیاں ہیں جاننے والوں کے لیئے۔ O

۲۳.	اور اس کی نشانیوں سے ہے تمہارا سونا، رات اور دن، اور تمہارا تلاش کرنا اس کے فضل کو۔ بیشک اس میں ضرور نشانیاں ہیں ان کے لیئے جو گوش ہوش رکھتے ہوں۔ O

۲۴۔   اور اس کی نشانیوں سے ہے کہ دکھاتا رہتا ہے تمہیں بجلی، ڈراتی اور لالچ لگتی اور اتارتا ہے آسمان کی طرف سے پانی، تو زندہ کر دیتا ہے اس سے زمین کو اس کے مرنے کے بعد۔ بیشک اس میں ضرور نشانیاں ہیں ان کے لئے جو عقل رکھتے ہیں۔ O

۲۵۔   اور اس کی نشانیوں سے ہے، یہ کہ قائم ہیں آسمان و زمین اس کے حکم سے۔ پھر جہاں اس نے ایک پکار تمہیں پکارا۔ زمین سے، فوراً تم نکل پڑو گے۔ O

۲۶۔   اور اسی کا ہے جو آسمانوں میں ہیں اور زمین میں۔ سب اس کے فرمانبردار ہیں۔ O

۲۷۔   اور وہی ہے جو ابتدا فرماتا ہے خلق کی، پھر دوبارہ لائے گا انہیں، اور یہ زیادہ آسان ہے اس پر۔ اور اسی کی شان بلند و بالا ہے آسمانوں اور زمین میں۔ اور وہ غلبہ والا حکمت والا ہے۔ O

۲۸۔ ایک تمہاری ضرب المثل بنائی خود تمہیں سے کہ کیا تمہارا کوئی زیر دست غلاموں سے، کوئی شریک ہے، اس مال میں جو ہم نے تمہیں دے رکھا ہے، کہ تم اس میں برابر برابر ہو، ان سے ڈرتے رہے ہو، جیسے اپنوں سے تمہارا ڈرنا ہے؟ اس طرح ہم مفصل بیان کرتے ہیں آیتوں کو ان کے لئے جو عقل سے کام لیں۔ O

۲۹۔ بلکہ پیچھے لگ گئے ظالم لوگ اپنی خواہشوں کے، بے جانے بوجھے۔ تو کون راہ دے اسے جسے بے راہ رکھا اللہ نے اور نہیں ہے ان کا کوئی مددگار۔ O

۳۰۔ تو سیدھا اپنا رخ رکھو فرما نبرداری کے لیے یکسو ہو کر، اللہ کی فطرت، جس پر پیدا فرمایا لوگوں کو، ناقابل تبدیل ہے اللہ کا بنایا۔ ہی ہے سیدھا دین۔ لیکن بہتیرے لوگ نہیں جانتے۔ O

۳۱۔ اس کی طرف جھکتے ہوئے اور اسے ڈرو، اور پابندی کرتے رہو نماز کی، اور نہ ہو کبھی شرک کرنے والوں سے۔ O

۳۲.   ان لوگوں سے جنھوں نے ٹکڑے ٹکڑے کر دیا اپنا دین، اور ہو گئے شیعہ شیعہ، ہر گروہ جو ان کے نزدیک ہے، اسی سے خوش ہیں۔ O

۳۳.   اور جب چھو گیا لوگوں کو نقصان، تو پکارنے لگے اپنے رب کو رجوع کرتے اس کی طرف، پھر جب چکھا دیا، انہیں اپنی طرف سے رحمت کو، تو اب ان کا ایک فریق اپنے رب سے شرک کرنے لگا۔ O

۳۴.   تاکہ ناشکری کریں جو ہم نے انہیں دے رکھا ہے۔ تو برت لو۔۔۔ کہ جلد انجام جان لوگے۔ O

۳۵.   یا ہم نے اتاری ہے ان پر کوئی سند، کہ و بتاتی ہے جو و شریک بناتے تھے۔ O

۳۶۔ اور جب چکھایا ہم نے لوگوں کو رحمت، تو خوش ہو گئے اس سے۔ اور اگر لگی انہیں برائی، بسبب اس کے جو پہلے کر رکھا ہے ان کے ہاتھوں نے، تو اب وہ نا امید ہیں۔ O

۳۷۔ کیا نہیں دیکھا انہوں نے کہ ''بلا شبہ اللہ کشادہ فرماتا ہے روزی جس کی چاہے اور تنگ کرتا ہے۔'' بیشک اس میں ضرور نشانیاں ہیں ان کے لئے جو مانیں۔ O

۳۸۔ تو دیا کرو قرابت دار کو اس کا حق اور مسکین کو اور مسافر کو۔ یہ بہتر ہے ان کے لئے جو چاہتے ہیں اللہ کا کام اور یہی لوگ کامیاب ہیں۔ O

۳۹۔ اور جو تحفہ کی چیز تم لوگ نے دی بڑھنتی کو کہ ''بڑھ جائے دینے والے کا مال،'' تو نہ بڑھنتی ہو گی اللہ کے یہاں۔ اور جو چیز خیرات کو دو، چاہتے ہوئے اللہ کا کرم، تو وہی ہیں دونا کرنے والے۔ O

۴۰.	اللہ ہے جس نے پیدا فرمایا تمہیں، پھر روزی دی تمہیں، پھر مارے گا تمہیں، پھر جلائے گا تمہیں، کیا تمہارے بنائے شریک میں کوئی ہے، جو کر سکے ان میں سے کچھ؟ پاکی ہے اس کی، اور بلند و بالا ہے ان سے، جن کو شریک بناتے ہو۔ O

۴۱.	پھیل گئی گڑبڑ، خشکی و تری میں، بسبب اس کے جو کمایا لوگوں کے ہاتھوں نے، تاکہ چکھادے مزہ انہیں کچھ اس کا، جو کرتے رہے، کہ وہ باز آئیں۔ O

۴۲.	کہہ دو کہ "سیر کرو زمین میں، تو دیکھو کہ کیسا ہوا انجام ان کا، جو پہلے ہوئے۔" ان کے بھتیرے مشرک تھے۔ O

۴۳.	تو اپنا رخ سیدھا رکھو سیدھے دین کے لئے، قبل اس کے کہ آئے وہ دن جسے ٹلنا نہیں ہے، اللہ کی طرف سے، اس دن سب پھٹ چھنٹ جائیں گے۔ O

۴۴۔ جس نے نہ مانا، تو اس پر اس کا کفر ہے۔ اور جس نے لیاقت کے کام کئے، تو اپنے لئے وہ سامان شروع کرتے ہیں۔ O

۴۵۔ تاکہ ثواب دے جو ایمان لائے اور کرنے کے کام کئے، اپنے فضل سے۔ بیشک وہ نہیں پسند فرماتا انکار کرنے والوں کو۔ O

۴۶۔ اور اس کی نشانیوں سے ہے کہ چلا دیتا ہے ہواؤں کو خوشخبری دیتی، اور تاکہ چکھا دے تمہیں اپنی رحمت سے، اور تاکہ رواں ہوں کشتیاں اس کے حکم سے اور تاکہ تلاش کرو اس کا فضل، اور شکر گزار ہو جاؤ۔ O

۴۷۔ اور بیشک بھیجا ہم نے تم سے پہلے رسولوں کو ان کی قوم کی طرف، تو وہ لائے ان کے پاس روشن نشانیاں، تو بدلہ لیا ہم نے ان سے جنہوں نے جرم کیا۔ اور ہمارے ذمہ کرم پر ہے ماننے والوں کی مدد کرنا۔ O

۴۸۔	اللہ ہے جو چلاتا ہے ہواؤں کو، پھر وہ اٹھاتی ہیں بادل، پھر پھیلا دیتا ہے اس کو آسمان میں جس طرح چاہے، اور کر دیتا ہے اس کے ٹکڑے ٹکڑے، تو دیکھتے ہو کہ نکلتا ہے اس کے اندر سے مینہ۔ تو جب پہنچا دیا اسے جس کو چاہا اپنے بندوں سے، تو اب وہ خوشی مناتے ہیں۔ O

۴۹۔	گو وہ تھے، قبل اس کے کہ اتارا جائے، ان پر پیشتر سے نا امید۔ O

۵۰۔	تو دیکھو اللہ کی رحمت کے فائدوں کو کیسا زندہ کر دیتا ہے زمین کو اس کی موت کے بعد۔ بیشک وہ ضرور مردوں کو جلانے والا ہے اور وہ ہر چاہے پر قدرت رکھتا ہے۔ O

۵۱۔	اور اگر چلائی ہم نے ہوا، پھر دیکھ لیا انہوں نے اس کے سبب رنگین کھیتی تو ضرور ہو گئے اس کے بعد ناشکرے O

۵۲.	کہ بلا شبہ تم نہیں کان دے سکتے ان مردوں کو، اور نہ پیغام سننے کے قابل کر سکو ان بہروں کو، جب انہوں نے رخ پھیر لیا پیٹھ دکھا کر۔ O

۵۳.	اور نہیں ہے تمہارے ذمہ ان اندھوں کو راہ دینا ان کی بے راہی سے۔ تم نہیں سناتے مگر جو مانیں ہماری آیتوں کو، پھر وہ نیاز مندی والے ہیں۔ O

۵۴.	اللہ ہے جس نے پیدا کیا تمہیں کمزور، پھر دیا کمزوری کے بعد زور، پھر دی زور کے بعد کمزوری اور بڑھاپا۔ پیدا کرے جو چاہے۔ اور وہی علم والا قدرت والا ہے۔ O

۵۵.	اور جس دن قائم ہو گی قیامت، قسم کھائیں گے مجرم لوگ۔۔ کہ ''نہیں رہے تھے مگر گھڑی بھر۔'' اسی طرح راہ اوندھے جاتے تھے۔ O

۵۶.	اور بتایا جنہیں دیا گیا ہے علم و ایمان کہ ''بیشک تم رہے اللہ کے لکھے میں اٹھنے کے دن تک۔ تو یہ اٹھنے کا دن ہے، لیکن تم لوگ نہیں جانتے تھے۔ O

۵۷.	تو آج کے دن نہ نفع دے گا جنھوں نے اندھیر مچا رکھا تھا ان کا کوئی بہانہ، اور نہ اب تو یہ کرائے جائیں گے۔ O

۵۸.	اور بیشک بیان کر دی ہم نے لوگوں کے لئے اس قرآن میں ہر طرح کی کہاوت۔ اور اگر لے آئے تم ان کے پاس کوئی نشانی، تو ضرور کہیں گے جنھوں نے کفر کر رکھا ہے کہ ''تم بس باطل والے ہو۔ O

۵۹.	اسی طرح چھاپ لگا دیتا ہے اللہ ان کے دلوں پر، جو بے علم ہیں۔ O

۶۰۔ تو صبر کرو۔ بیشک اللہ کا وعدہ درست ہے۔ اور نہ بے برداشت بنا سکیں تمہیں، جو یقین نہیں رکھتے۔ O

۳۱۔ سورۃ لقمان

نام سے اللہ کے بڑا مہربان بخشنے والا O

۱۔ ال م O

۲۔ یہ آیتیں ہیں حکمت والی کتاب کی، O

۳۔ ہدایت ورحمت مخلصوں کے لئے، O

۴۔ جو پابندی کریں نماز کی، اور دیں زکوٰۃ اور وہ آخرت پر یقین رکھیں۔ O

۵۔ وہی ہیں ہدایت پر اپنے رب کی طرف سے، اور وہ یہیں کامیاب۔ O

۶۔ اور کچھ لوگوں میں وہ ہے، جو مول لے غفلت میں ڈالنے والی بات، تاکہ بہکا دے اللہ کی راہ سے نادانی سے۔ اور بنا لے اسے مذاق۔ انہیں کے لئے عذاب ہے رسوا کرنے والا۔ O

۷۔ اور جب تلاوت کی جائیں اس پر ہماری آیتیں، تو اس نے منہ پھیر لیا بڑائی کی ڈینگ لیتا، گو جیسے اسے سنا ہی نہیں، گویا اس کے کانوں میں ٹینٹ ہے۔ تو مژدہ دے دو اسے دکھ والے عذاب کا۔ O

۸۔ بیشک جو ایمان لائے اور لیاقت کے کام کئے، انہیں کے لئے ہیں عیش کے باغ، O

۹۔ ہمیشہ رہنے والے اس میں۔ اللہ کا وعدہ بالکل ٹھیک۔ اور وہی عزت والا حکمت والا ہے۔ O

۱۰۔	پیدا فرمایا آسمانوں کو بغیر کھمبے کے، تم لوگ دیکھ رہے ہو، اور ٹھونک دیا زمین میں پہاڑوں کے لنگر، کہ کہیں ہل جائے تم کو لے کر، اور پھیلا دیا اس میں ہر قسم کے جانور اور اتارا ہم نے آسمان کی طرف سے پانی، تو اگا دیا ہم نے اس میں ہر قسم کے عمدہ جوڑے۔ O

۱۱۔	یہ اللہ کا پیدا کیا ہوا ہے تو تم لوگ مجھے دکھا دو کہ کیا پیدا کیا انہوں نے جو اس کے فرضی مقابل ہیں؟ بلکہ ظالم لوگ کھلی گمراہی میں ہیں۔ O

۱۲۔	اور بیشک دی ہم نے لقمان کو حکمت کہ "شکر ادا کرو اللہ کا۔" اور جو شکر ادا کرے، تو وہ شکر ادا کرتا ہے اپنے بھلے کو۔ اور جس نے ناشکری کی، تو بلاشبہ اللہ بے پرواہ حمد والا ہے۔ O

۱۳۔	اور جب کہا لقمان نے اپنے بیٹے کو، اور وہ اسے نصیحت کر رہے تھے کہ "میرے بیٹے! مت شریک ٹھہرانا اللہ کے ساتھ۔ بیشک شریک ٹھہرانا یقیناً بڑا اندھیر ہے۔" O

215

۱۴.   اور تاکید فرمائی ہم نے انسان کو اس کے ماں باپ کے حق میں، پیٹ میں رکھا اس کی ماں نے کمزوری پر کمزور سہتی ہوئی اور اس کا دودھ چھوٹنا دو برس میں ہے کہ ''شکر گزار رہو میرے اور اپنے ماں باپ کے'' میری ہی طرف پھر آنا ہے۔ O

۱۵.   اور اگر دباؤ ڈالیں تم پر، اس پر کہ شریک بناؤ میرا جس کا تمہیں کچھ علم نہیں، تو مت کہا مانو ان کا، اور ان کا ساتھ دو دنیا میں اچھی طرح سے۔ اور تقلید کرو اس شخص کے طریقہ کی، جس نے رجوع کیا میری طرف۔ پھر میرے ہی طرف تم لوگوں کا لوٹنا ہے، تو بتا دوں گا میں تم کو جو تم کرتے تھے۔ O

۱۶.   اے میرے بیٹے! بلاشبہ اگر کرتوت رائی کے دانے برابر ہو، پھر وہ ہو کسی پتھر میں، یا آسمانوں میں، یا زمین میں، لے آئے گا اسے اللہ۔ بیشک اللہ ہر باریک کا جاننے والا بتانے والا ہے۔ O

۱۷۔ اے میرے بیٹے پابندی رکھو نماز کی، اور حکم دو نیکی کا، اور روکو برائی سے، اور صبر کرو اس پر جو مصیبت آئے تمہاری۔ بیشک یہ حوصلے کے کام ہیں۔ O

۱۸۔ اور مت بے رخی کرنا لوگوں سے، اور نہ چلنا زمین میں اترا کر۔ بیشک اللہ نہیں پسند فرماتا کسی اترانے والے، ڈینگ مارنے والے کو O

۱۹۔ اور میانہ روی رکھو اپنی چال میں، اور پست رکھا کرو اپنی آواز۔ بیشک سب سے زیادہ ناگوار آواز یقیناً گدھے کی آواز ہے۔" O

۲۰۔ کیا تم لوگوں نے نہیں دیکھا، کہ بلاشبہ اللہ نے قابو میں کر دیا تمہارے، جو کچھ آسمانوں میں ہے اور جو کچھ زمین میں ہے، اور بھرپور اتارا تم پر اپنی ظاہر و باطن نعمتوں کو۔ اور انہیں لوگوں میں وہ ہے کہ

جھگڑتا ہے اللہ کے بارمیں، نہ علم اور نہ ہدایت، اور نہ کوئی روشن کتاب۔ O

۲۱۔   اور جب کہا گیا انہیں کہ "پیروی کرو اس کی، جسے اتارا اللہ نے،" بولے کہ "ہم پیروی کرتے ہیں جس پر پایا ہم نے اپنے باپ دادوں کو"۔ کیا گو شیطان بلا رہا ہو انہیں جہنم کے عذاب کی طرف! O

۲۲۔   اور جو جھکا دے اپنا رخ اللہ کی طرف، اور وہ مخلص ہے، تو اس نے تھام لیا مضبوط کڑی کو اور اللہ ہی کی طرف ہے سارے کاموں کا انجام O

۲۳۔   اور جس نے کفر کیا، تو نہ رنجیدہ کرے تمہیں اس کا کفر۔ ہمارے ہی طرف ان کا لوٹنا ہے، پھر بتا دیں گے ہم جو انہوں نے کر رکھا ہے۔ بیشک اللہ جانتا ہے سینے والی بات کو O

۲۴. برتنے دیتے ہیں ہم انہیں کچھ، پھر بیتاب کر دیں گے ہم انہیں سخت عذاب کی طرف O

۲۵. اور اگر تم نے پوچھا ان سے کہ 'کس نے پیدا فرمایا آسمانوں اور زمین کو؟'' تو ضرور جواب دیں گے کہ ''اللہ''۔ کہو کہ ''الحمدللہ''۔ بلکہ ان کے بہتیرے بے علم ہیں۔ O

۲۶. اللہ ہی کا ہے جو کچھ آسمانوں اور زمین میں ہے۔ بیشک اللہ ہی بے پرواہ حمد والا ہے O

۲۷. اور اگر بلا شبہ جو کچھ زمین میں ہیں درخت، قلم ہوں، اور سمندر روشنائی ہو ان کی، ایک کے پیچھے سات سمندر، تو بھی نہ ختم ہوں اللہ کے کلمے۔ بیشک اللہ عزت والا حکمت والا ہے O

۲۸. نہیں ہے تم سب کا پیدا کرنا اور تم سب کو اٹھانا، مگر جیسے ایک جان کا۔ بیشک اللہ سننے والا دیکھنے والا ہے۔ O

۲۹۔ کیا تم نے نہیں دیکھا کہ بیشک اللہ داخل کرتا ہے رات کو دن میں اور داخل کرتا رہتا ہے دن کو رات میں اور قابو میں رکھا سورج اور چاند کو۔ ہر ایک چل رہا ہے میعاد مقرر تک، اور بیشک اللہ جو تم لوگ کرو اس سے باخبر ہے۔ O

۳۰۔ یہ اس لئے کہ اللہ ہی حق ہے، اور بیشک جس کی وہ لوگ دہائی دیتے ہیں اللہ کے خلاف، باطل ہے۔ اور بیشک اللہ ہی بلند بڑائی والا ہے۔ O

۳۱۔ کیا نہیں دیکھا تم نے کہ کشتیاں چلتی ہیں دریا میں اللہ کے کرم سے، تاکہ دکھا دے تمہیں اپنی کچھ نشانیاں، بیشک اس میں ضرور نشانیاں ہیں ہر صبر کرنے والے شکرگزار کے لئے۔ O

۳۲۔ اور جہاں چھانپ لیا انہیں موج نے مثل سائبان کے، تو پکارنے لگے اللہ کو نرے اللہ کے ہو کر عقیدہ میں۔۔۔ پھر جب بچا

لیا انہیں خشکی کی طرف، تو کوئی ہے کہ اعتدال پر ہے۔ اور نہیں انکار کرتا ہماری آیتوں کا، مگر سارے بد عہد ناشکرے۔ O

۳۳. اے لوگو! ڈرو اپنے رب کو، اور خوف کرو اس دن کا، کہ نہ کام آئے گا باپ اپنے بچہ کے۔ اور نہ کوئی بچہ ہی کام آئے اپنے باپ کے کچھ۔ بیشک اللہ کا وعدہ درست ہے، تو نہ دھوکے میں ڈالے تمہیں دنیا والی زندگی۔۔ اور نہ دھوکا دے سکے تمہیں اللہ کے بارے میں پکا دھوکے باز، شیطان۔ O

۳۴. بیشک اللہ کو ہے قیامت کا علم۔ اور وہ اتارے مینہ کو۔ اور وہ جانے جو کچھ ماؤں کے پیٹ میں ہے۔ اور نہیں اٹکل رکھتا کوئی، کہ کیا کمائے گا کل۔ اور نہ قیاس کر سکے کوئی، کہ کس زمین میں مرے گا۔ بیشک اللہ جاننے والا بتانے والا ہے۔ O

۳۲۔ سورۃ السجدۃ

نام سے اللہ کے بڑا مہربان بخشنے والا O

۱.   الم O

۲.   کتاب کا نازل فرمانا، اس میں کوئی شک نہیں، کہ رب العالمین کی طرف سے ہے۔ O

۳.   یا کہتے ہیں یہ لوگ کہ گڑھ لیا ہے اسے۔ بلکہ وہ ٹھیک ہے تمہارے رب کی طرف سے، تاکہ ڈر سنا دو اس قوم کو، کہ نہیں آیا ان کے پاس کوئی ڈرانے والا تم سے پہلے، کہ وہ راہ پالیں۔ O

۴.	اللہ ہے جس نے پیدا فرمایا آسمانوں اور زمین کو، اور جو کچھ ان کے درمیان ہے چھ دن میں، پھر توجہ کی عرش پر۔ نہیں ہے تمہارا اس سے الگ رہ کر کوئی یار نہ سفارشی۔ تو کیا سوچتے نہیں ہو؟ O

۵.	وہ تدبیر فرماتا ہے ہر امر کی آسمان سے زمین تک، پھر بڑھ چلیں گے واس کی طرف اس دن میں، کہ جس کی مقدار ہزار سال ہے، جس قاعدہ سے تم شمار کرتے رہتے ہو۔ O

۶.	یہ ہے چھپے اور کھلے کا جاننے والا، عزت والا رحم والا، O

۷.	جس نے خوب بنایا ہر چیز کو جسے پیدا فرمایا، اور شروع کیا انسان کی پیدائش کو مٹی سے O

۸.	پھر کر دیا اس کی نسل کو ذلیل پانی کے جوہر سے، O

۹.	کیا اسے، اور پھونکا اس میں اپنی روح، اور دیا تمہیں کان اور آنکھیں اور دل۔ کتنا کم تم لوگ شکر گزار ہو۔ O

۱۰.	اور بول دیے کہ "کیا جب ہم کھو گئے مٹی میں، تو کیا نئے سرے سے پیدائش میں آئیں گے۔" بلکہ وہ اپنے رب کے ملنے سے انکاری ہیں۔ O

۱۱.	کہہ دو کہ "تمہاری زندگی پوری کر دے گا موت کا فرشتہ، جو مسلط کیا گیا ہے تم پر، پھر اپنے رب ہی کی طرف لوٹائے جاؤ گے۔ O

۱۲.	اور اگر کہیں دیکھو کہ جب مجرم لوگ اپنا سر جھکائے ہیں اپنے رب کے یہاں کہ "پروردگار! ہم نے دیکھ لیا اور سن لیا، اب دوبارہ بھیج دے ہمیں کہ ہم کریں نیک کام، بلاشبہ ہم یقین والے ہو گئے۔" O

۱۳.   اور اگر ہم چاہتے، تو ضرور دے دیتے ہر ایک کو اس کی راہ،
لیکن بات ٹھیک ہو چکی میری طرف ہے کہ "ضرور بھر دوں گا جہنم کو
جنات اور انسان سب سے۔ O

۱۴.   تو چکھو، جو بھلا دیا تھا تم لوگوں نے اپنی اس دن کی حاضری
کو۔ بلاشبہ ہم نے بھی تمہاری بھول کی سزا دی، اور چکھا کرو ہمیشہ کے
عذاب، جو کرتوت کرتے تھے۔ O

۱۵.   بس مانتے ہیں ہماری آیتوں کو وہی جنہیں جب یاد دلائی گئی
ان کی، تو گر پڑے سجدہ کرتے ہوئے، اور پاکی بیان کی اپنے رب کی حمد
کے ساتھ، اور وہ بڑا نہیں بنتے۔ O

۱۶.   الگ رہتے ہیں ان کے پہلو ان کے خواب گاہوں سے،
دہائی دیتے ہیں اپنے رب کی ڈرتے اور امید رکھتے۔ اور اس سے جو ہم
نے دے رکھا ہے انہیں خرچ خیرات کرتے ہیں۔ O

۱۷۔ تو کوئی نہ جانے کہ کیا چھپا رکھی گئی ہے ان کے لئے آنکھوں کی ٹھنڈک۔ ثواب ان کے اعمال۔ O

۱۸۔ تو کیا جو مان گیا، ایسا ہے جیسا نافرمان؟" وہ برابر نہیں ہے O

۱۹۔ کہ جو مان گئے اور لیاقت والے کام کئے، تو ان کے لئے ٹھکانے کے باغ ہیں مہمان داری میں، جو وہ عمل کرتے تھے۔ O

۲۰۔ اور جس نے نافرمانی کی، تو ان کا ٹھکانہ جہنم ہے۔ جب انہوں نے چاہا کہ نکل جائیں اس سے، پلٹ دئیے گئے۔ اسی میں، اور کہہ دیا گیا انہیں کہ "چکھتے رہو جہنم کا عذاب، جس کو تم جھٹلاتے تھے۔" O

۲۱۔ اور ضرور چکھائیں گے ہم انہیں کچھ نزدیک والا عذاب، علاوہ بڑے عذاب کے، کہ وہ باز آویں۔ O

۲۲۔   اور اس سے زیادہ اندھیر والا کون ہے، جسے یاد دلائی گئیں اس کے رب کی آیتیں، تو منہ پھیر لیا اس سے۔ بلاشبہ ہم مجرموں سے بدلہ لینے والے ہیں۔ O

۲۳۔   اور بیشک دی ہم نے موسیٰ کو کتاب، تو نہ رہو کسی شک میں اس کے ملنے سے، اور کر دیا تھا ہم نے اسے ہدایت بنی اسرائیل کے لئے۔ O

۲۴۔   اور بنایا تھا ہم نے ان میں سے کئی پیشوا، جو ہدایت کرتے تھے ہمارے حکم سے، جب کہ انہوں نے صبر سے کام لیا تھا۔۔ اور ہماری آیتوں کا یقین رکھتے تھے۔ O

۲۵۔   بیشک تمہارا رب فیصلہ فرمائے گا ان کا قیامت کے دن، جس میں وہ جھگڑا کرتے تھے۔ O

۲۶.	کیا ہدایت نہ ہوئی ان کی، کہ کتنی برباد کر دیں ہم نے ان سے پہلے سنگتیں، کہ چلتے پھرتے ہیں ان کے رہنے کی جگھوں میں۔ بیشک اس میں ضرور نشانیاں ہیں۔ تو کیا وہ سنتے نہیں۔ O

۲۷.	کیا نہیں دیکھتے کہ ہم پہنچاتے ہیں پانی کو سوکھی زمین کی طرف، پھر نکال دیتے ہیں اس سے کھیتی، کہ کھائیں اسے ان لوگوں کے چوپائے، اور وہ خود۔ تو کیا نہیں سوجھائی دیتا انہیں؟ O

۲۸.	اور پوچھتے ہیں کہ "کب ہے یہ فیصلہ؟ اگر سچے ہو۔" O

۲۹.	جواب دو کہ "فیصلہ کے دن نہ کام آئے گا جنھوں نے کفر کر رکھا ہے ان کا مان جانا۔ اور نہ وہ مہلت دئیے جائیں گے۔" O

۳۰.	تو منہ پھیر لو ان سے، اور انتظار کرو، کہ وہ بھی انتظار کرنے والے ہیں۔ O

***